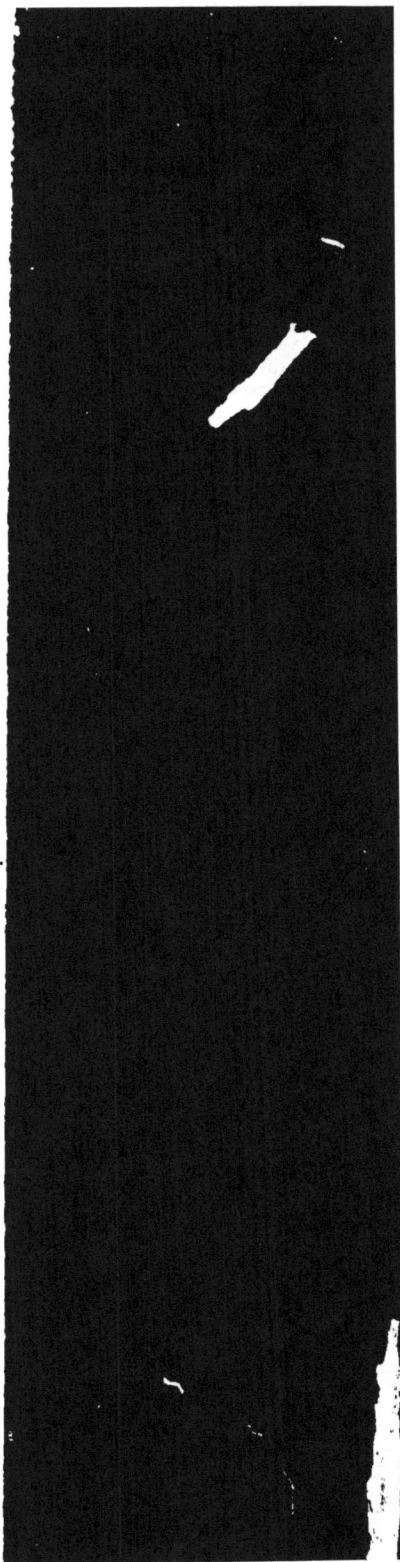

ERNEST JUNGLE

Profils Parisiens

PREMIÈRE SÉRIE

PARIS

A. MELET, Éditeur

44-45, Galerie Vivienne, 46-47

1898

ERNEST JUNGLE

PROFILS PARISIENS

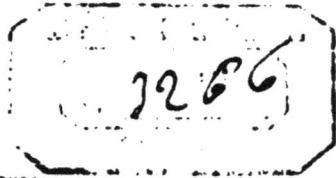

PARIS

A. MELET, Éditeur

45-46, Galerie Vivienne, 45-46

1898

PRÉFACE

En publiant, aujourd'hui, ces profils de parisiens, je n'ai pas eu l'intention de faire œuvre de biographe, encore moins de porter des jugements sur mes contemporains.

J'ai voulu simplement placer sous le jour de l'objectif quelques-unes des personnalités que ma profession de journaliste m'a permis d'approcher et d'étudier, au cours de l'année qui vient de s'écouler.

Les unes sont connues de tous, d'autres, sans l'être à un égal degré, ne sont point ignorées dans les milieux qui leur sont familiers.

De même qu'à la ville, on rencontrera, dans cet ouvrage, un homme politique coudoyant un commerçant, un artiste ou un homme de lettres passant aux côtés d'un industriel.

Notre Seigneur le Protocole ayant adopté l'ordre alphabétique pour classer entre elles les puissances, j'aurais mauvaise grâce à ne pas l'employer pour classer entre eux les individus.

J'ai beaucoup aimé autrefois la politique, je la fuis maintenant comme la peste et, pour bien marquer mon indépendance à son égard, j'ai pensé donner un gage d'impartialité en plaçant dans ce premier volume trois personnalités dont les portraits, sont crayonnés d'une façon également aimable : L'Archevêque de Paris, le Président du Consistoire des Églises Réformées, et le Grand-Rabbin de France.

Il est de mode de railler vivement cet *aimable scepticisme du parisien*, dont on a peut-être un peu trop abusé.

Ce qu'il est vrai de dire, cependant, c'est qu'au-dessus de nos discordes politiques, religieuses et sociales, règne dans la grande cité affairée une atmosphère de paix, de concorde et d'exquise politesse.

C'est qu'au-dessus des rivalités des partis, il y a vibrant dans l'air de la ville, le respect de Paris qui travaille, qui pense et qui lutte, dans lequel se reflète l'orgueil du pays pour les chefs-d'œuvre de son industrie, de sa littérature et de son art.

J'ai tenu à lui adresser, en publiant ce volume, un filial et respectueux salut.

ERNEST JUNGLE.

Paris, 1ᵉʳ juin 1898.

ERNEST JUNGLE

~~~~~~~~

PROFILS PARISIENS

~~~~~~~~

LAURENT ATTHALIN

Quarante-sept ans, brun, la figure jeune ornée de toute la barbe, de manières agréables, mais de santé délicate, pas poseur pour un brin, mais sévère et rigide en diable ; voilà, présenté à nos lecteurs, le Procureur de la République qui a succédé au Palais à M. Georges Chenest.

Souhaitons-lui, dans la mission délicate à laquelle l'a appelé la confiance de la Chancellerie, les mêmes succès qu'il obtint jadis lorsque, juge d'instruction à la Seine, il instruisit les procès demeurés célèbres de Pranzini, de Turpin, de Ravachol et d'Émile Henry.

Très expéditif, d'allures simples et familières, il était toujours par monts et par vaux, apportant partout où l'appelaient ses absorbantes fonctions de magistrat instructeur une affabilité proverbiale.

Je me souviens qu'un jour de juin 1892 j'étais allée au Parquet pour demander qu'on passât outre à l'autopsie de Mme L... dont la fin avait été si

tragique : le procureur d'alors, M. Roulier, pria
M. Atthalin de se rendre auprès du corps de la
malheureuse mutilée, s'en rapportant pour les nécessités de la procédure à cette simple visite, et
me demanda de l'accompagner : « Le temps de
quitter mes pantoufles, de prendre mon chapeau,
et je vous suis, Monsieur, » me dit l'honorable
juge ; et il me parut effectivement, durant tout ce
trajet et cette triste visite, le galant homme d'éducation et de correction parfaites dont les journaux
ont loué l'esprit, la bonne grâce et la douceur à
à l'égard de tous.

Ancien secrétaire de la Conférence des Avocats,
— ce qui n'est pas un mince honneur, — M. Atthalin, qui avait été à la Faculté de Paris un des étudiants les plus brillants, lauréat de tous les concours, enlevant tous ses grades avec *éloges*, a tenu
depuis son entrée dans la magistrature, c'est-à-dire
depuis 1878, les promesses que son passé avait
faites pour lui.

Le Procureur actuel de la Seine est donc plus
qu'un personnage marquant dans la hiérarchie
judiciaire, c'est quelqu'un, c'est-à-dire un homme
de grande valeur personnelle, disons le mot : un
homme de talent.

C'est par là seulement qu'il faut songer désormais à s'imposer à la notoriété publique.

Signes particuliers : Professe un parfait dédain
pour les titres nobiliaires et spécialement pour son
titre de baron qu'il ne porte pas.

A fait comme lieutenant de mobiles la guerre de
1870, a couché dans la neige, a été interné dans
une forteresse à Leipzig, et cependant n'a pas de
rhumatismes.

LOUIS BARTHOU

Ce Pyrénéen, qui travaillait, courbé sur ses livres, en son cinquième du boul' Mich, coiffé du béret cher aux montagnards, est devenu, depuis qu'il occupe le pouvoir, une figure essentiellement parisienne.

La tête haute, l'œil vif regardant dans l'œil de l'interlocuteur, très coquet de tenue, le ministre actuel de l'intérieur donne, par l'extériorité même de sa personne, l'impression d'énergie et de droiture dont il a donné dans ses actes des preuves irrécusables.

Il ne m'appartient pas d'apprécier ici sa politique. C'est un rôle que je me suis interdit à moi-même. Qu'il me soit permis seulement de louer, ici, l'énergie du ministre de l'intérieur sans être soupçonné d'être attaché à son char.

Il roule, son char... Voici qu'il dure tout de même et, ma foi, tout compte fait, il faut avouer qu'il n'a encore rien cassé sur son chemin.

Né à Oloron-Sainte-Marie, le 25 août 1862, ce qui ne lui fait pas encore trente-six ans! M. Barthou a débuté dans la presse, — sonnez, cors et musettes! — à l'*Indépendant des Pyrénées*.

Depuis, a collaboré à nombre de journaux parisiens, où il a publié des articles assez remarqués, prêchant les économies de contrôle et les économies de réforme, conseillant à son parti l'ordre et la modération, et cela dans un style net, précis et vigoureux, comme l'écrivain l'est lui-même.

Parle, d'ailleurs, comme il écrit et ne parle pas dans le vide; aucune emphase inutile, aucun geste accessoire ne vient déparer la logique du raisonnement et la clarté du langage.

Voilà pour l'homme public, pour celui dont on peut discuter les écrits, les actes, et qu'on peut entendre à la tribune; mais l'homme privé est, au dire de ceux qu'il honore de son intimité, un des caractères les plus charmants et les plus sympathiques qui se puissent cacher sous une attitude volontairement froide.

Adorant son pays natal, incapable de refuser un service à ses compatriotes, qui sont accueillis à la place Bauveau avec la plus parfaite aménité, il semble garder au fond de l'âme, au milieu des honneurs qui lui font cortège, l'amour de son pittoresque pays :

> Montagnes des Pyrénées
> Vous êtes mes amours,
> Cabanes fortunées
> Vous me plairez toujours !

Signes particuliers : Ancien secrétaire de la Conférence des avocats, membre de l'Association des journalistes parisiens.

COSTA DE BEAUREGARD

Un géant dont le veston s'agrémente du monocle se pendulant sur la poitrine.

La tête — une tête de soldat énergique et hautaine — dénote, par le regard seul, toute la « manière » du grand seigneur: je veux dire la plus extrême simplicité d'accueil jointe à l'indifférence pour les détails de la vie parisienne.

Très *rive-gauche* et resté royaliste au milieu du ralliement général, le marquis de Beauregard est un des hommes les plus affables et les plus cordialement aimables de Paris.

Au vaste hôtel de la rue de Bourgogne dont l'accès est facile tant est grande la bonne grâce du maître de céans, mais dont la sortie devient un problème au milieu du dédale infini des pièces qui le composent, nul ne s'est adressé en vain pour demander une aide, un conseil ou le concours dévoué de l'éminent académicien à une œuvre littéraire et philanthropique.

Sa carrière, sa vie publique, son bagage littéraire sont connus.

Gaston Deschamps — cela fait toujours plaisir de se retrouver avec un camarade de lycée — a dit excellemment dans le *Figaro* d'avant-hier la signification de l'élection de M. Costa de Beauregard qui (la séance nous l'a prouvé) n'est nullement dépaysé au milieu de ce mélange de savants, d'universitaires, de dramaturges et de gens du monde qu'est, aujourd'hui, l'Académie.

Vous avez entendu, lecteurs, le discours du nouvel élu : je ne sache pas qu'il y ait plus de crânerie dans la langue pour célébrer son pays que celle dont a fait montre M. de Beauregard dès ses premiers mots.

Les monts de la Savoie, aussi fiers que ses fils, en leurs sommets altiers, ont dû en tressaillir d'allégresse.

Un homme d'autrefois, le *Roman d'un royaliste* et une étude pleine d'observation sur le roi Charles-Albert étaient — quatre volumes en tout — le bagage du nouveau venu.

Son discours de réception n'est pas la moindre page dont il s'augmente désormais, et les applaudissements du public de délicats et de raffinés qui 'écoutait l'ont bien prouvé au successeur de Camille Doucet.

1.

Et maintenant, messieurs de l'orchestre, faites-nous le plaisir de nous jouer la marche des Allobroges!

Allobroge vaillant!.....

FRÉDÉRIC BELMANN

L'un des membres les plus actifs et les plus aimables de l'aimable trinité des Belmann.

Associé avec ses frères Albert et Ferdinand, travaille avec eux au succès chaque jour plus grand d'une maison qui a conquis à Paris la confiance générale.

L'hommage que je rends ici à la maison Belmann frères, s'adresse donc à ces trois associés, à cette trilogie d'hommes intègres et probes que la corporation des banquiers s'honore de compter parmi les siens.

Le Syndicat des banquiers en valeurs de la Bourse de Paris, a apprécié depuis longtemps le juste mérite des frères Belmann et les services signalés qu'ils n'ont cessé de rendre à notre grand marché international.

De tempérament calme et placide, d'un esprit pondéré, les frères Belmann, sont fréquemment consultés par leurs confrères en quête de renseignements techniques et par leur clientèle fort aristocratique toujours à la recherche du placement avantageux ou de l'arbitrage au comptant, qui laissera la marge de bénéfices certains et écartera avec soin toute probabilité d'aléa.

Le quartier général des Belmann se trouve sous le péristyle, à proximité du groupe de l'Extérieure espagnole et là vous trouverez constamment sur la brèche ces hommes ponctuels, aimables et travailleurs, accueillant d'un sourire gracieux leurs multiples amis et faisant preuve en toute circonstance d'une bonhomie bien caractérisée, qui engendra, il y a quelque vingt ans, les nombreuses sympathies dont sont entourés les trois frères Belmann, exemples vivants et incessants de travail et d'honneur.

RENÉ BÉRENGER

Il y a quelque temps la poste m'apporta une charmante bluette de notre sympathique *Jean des Vignes* intitulée : *Champagne*. Les vers voluptueux et pétillants, comme le vin qu'ils chantaient, étaient encadrés dans une fort jolie vignette : sur un pylône de forme antique auquel était adossée la plus nue comme la plus charmante des bacchantes :

Tout est nu dans le monde, hormis l'hypocrisie,

était placé le buste de l'honorable père conscrit, répondant aux agaceries de la jeune femme par la grimace la plus réfrigérante.

Au pied, une bouteille de champagne portant l'étiquette *Clos Jungle*, et, tout en bas de la gravure, cette dédicace :

Silhouetteur subtil, dont l'esprit mordant *jungle* !
Avec le *facies* de tes contemporains,
Je t'offre Bérenger en ses ébats forains.
Fais rentrer Sa Pudeur aux fourrés de la jungle !

Ainsi mis en demeure d'être mordant — presque au lendemain de la disparition de Pasteur — je me demandais *in petto* si l'honorable sénateur, auquel on doit la loi qui porte son nom, méritait bien toutes les railleries dont il est d'usage de l'accabler en joyeuse société.

Certes je ne suis pas partisan d'une austérité trop grande et la campagne de M. Bérenger est peut-être un peu violente.

Mais si, à côté de cette campagne nous plaçons celle entreprise par M. René Bérenger en faveur du relèvement intellectuel et moral des misérables, quelle compensation aux mesquineries précédentes !

Sa loi, dite loi Bérenger, inspirée de la loi américaine, qui permet aux juges de renvoyer indemne de toute flétrissure les coupables d'une première faute, restera, malgré tout, comme un des rares mouvements d'humanité qu'ait eus notre égoïste et féroce société de parvenus.

Tout homme, — n'eût-il eu qu'un geste de pitié dans sa vie, — qui a le courage d'aller à l'encontre des préjugés quand tant de gens vont à leur remorque, a mérité le respect qui arrête le sourire et la plaisanterie sur les lèvres qui voudraient être mordantes.

Et voilà pourquoi, malgré l'invitation de Jean des Vignes, je veux, au milieu de l'ordinaire ironie du silhouettiste, m'incliner devant un homme dont la pensée supérieure a été le relèvement de ces vaincus du sort qu'on appelle les condamnés de la première audience.

Membre de l'Académie des sciences morales et politiques, sénateur inamovible, vice-président de la Haute Assemblée, ancien ministre républicain, M. Bérenger donne asile, en sa modeste et simple demeure de la rue Portalis, à tous ceux que guide vers lui le désir d'obtenir les conseils d'un homme à la parole sûre, à la conscience éclairée, et dont l'abord affable ne lui méritait pas la réputation de sectaire et d'intransigeant dont ses adversaires l'ont gratifié.

Le visage jeune, le nez un peu fort, donnant à la physionomie une réelle expression de volonté, les favoris coupés ras, la lèvre mince, il parle comme il écrit, scandant les phrases en notations précises et brèves, visiblement moins désireux d'éblouir son auditoire que de le persuader, plus fier d'obtenir de l'Assemblée des votes favorables que des ovations.

Signe particulier: Fait usage de mouchoirs de poche dans lesquels on pourrait aisément tailler des draps de lit.

MAURICE BERTEAUX

Député de la première circonscription de Versailles. Né à Saint-Maur-les-Fossés le 3 juin 1852; un jeune par conséquent, à la figure très douce et au regard mélancolique malgré les lignes accentuées du visage.

A débuté presque enfant dans la finance, a fait de solides études d'économie politique au cours desquelles, peut-être, a-t-il reconnu la vanité de la vieille théorie du laissez-faire, laissez-passer, puisqu'à l'heure même — en 1879 je crois — où il était nommé agent de change, il se faisait remarquer par la hardiesse de ses conceptions économiques et financières.

Est allé siéger à la Chambre dans le groupe radical socialiste, ce qui a eu le don d'émerveiller les badauds du journalisme, stupéfaits qu'on puisse tout ensemble être un intermédiaire officiel pour la négociation des valeurs de l'Etat et professer des opinions différentes des économistes sur la nature, la valeur et le mode de répartition de l'impôt.

A soutenu logiquement et loyalement le cabinet Bourgeois dont le projet d'impôt sur le revenu était, à vrai dire, la seule chose qui le différenciât sensiblement des ministères précédents et — dirait Calinaux — des suivants.

A, de ce chef, encouru les foudres de l'éclectique *Figaro* qui, tout en aiguisant à son intention une *scie* journalière à la première page du journal, rendait compte, à la seconde, des réceptions de l'honorable député.

En somme, un sympathique, d'allures bon enfant, galant homme par excellence au milieu de la mêlée politique, serviable et bon sans ostentation.

Très laborieux et très discipliné, donne tout son temps aux travaux des commissions dont il fait partie. Sera ministre secrétaire d'Etat, le jour où il le désirera, si tant est que le poste soit désirable.

Signes particuliers : Amateur érudit d'armes et d'armures moyennagesques.

Membre du Cercle des Chemins de fer.

CHARLES BIRMAN

Charles Birman est banquier hors feuille. Il n'en est pas moins une des personnalités les plus sympathiques à la Bourse où tout le monde connaît ses grandes relations, son esprit financier de premier ordre et sa fiévreuse activité

Le visage doux et affable, l'œil spirituel, la

démarche d'un homme actif, regardant bien en face son interlocuteur, Charles Birman conduit sa maison avec une maestria et une sûreté de mains remarquable.

Aujourd'hui établi rue d'Uzès, il a vu affluer chez lui une clientèle de choix dont l'absolue confiance lui est acquise.

Donnant lui-même à ses employés l'exemple du travail, sachant que suivant l'expression des Anglais *Times is money*, il donne tout son temps à ses affaires et fort peu au plaisir.

Au moment où une campagne de dénigrement contre tout ce qui touche à la finance va être engagée par des hommes sans scrupules appartenant au dernier offrant et plus fort enchérisseur, je ne puis qu'affirmer ici mes sentiments sur la liberté du marché, sur la haute honorabilité des grands intermédiaires libres et pour montrer ce que la vie de banquier exige de travail, d'honneur et d'activité, il me sufffit de citer des noms comme ceux de Charles Birman.

Signe particulier : Adore passionnément la musique.

RAPHAEL BISCHOFFSHEIM

Dans les pays brumeux que borde l'Escaut flamand, là où le néerlandais se parle encore dans sa vieille pureté, lorsque le peuple veut rendre hommage à la science d'un homme, il dit qu'il est *savant comme un évêque : Biskop* ou *Bischoff*; ajoutez à cela que *hem* est un mot kymrich qui veut dire *pays* et vous saurez ainsi que si l'homme que je silhouette en ce moment a secondé avec tant de dévouement les efforts de la science, c'est qu'il est né au *pays des savants*.

Natif d'Amsterdam, adonné de bonne heure aux études scientifiques et financières, l'éminent député des Alpes-Maritimes, naturalisé en 1880, est un des esprits les plus ouverts et les plus distingués du Parlement français.

Mais l'homme qui s'est fait, suivant une touchante expression, naturaliser vaincu, ne mérite pas seulement le respect et la sympathie générale par sa haute compréhension des besoins de la science et sa curiosité toujours en éveil, il est aussi un cœur compatissant à toutes les misères sociales, pensant avec le poète latin que rien d'humain ne doit rester étranger à l'homme véritable.

Homo sum ; nil humani a me alienum puto.

C'est pour de telles personnalités que le mot de philanthrope devrait être créé s'il n'existait déjà.

La forme concise de ces petits portraits ne me permet pas, ici, l'énumération de tous les services qu'a rendus Raphaël Bischoffsheim à la science.

Qui ne connaît les sommes considérables données par lui pour la construction d'appareils aux observatoires de Paris et de Montsouris, ainsi qu'à celui installé par le général de Nansouty sur le pic du Midi.

Commencée en 1874, la construction de ce dernier établissement ne fut achevée qu'en 1879.

Reconnaissants des services qu'il a rendus à sa patrie d'adoption, les habitants des Alpes-Maritimes l'ont envoyé siéger à la Chambre, où, malgré l'inévitable envie qu'une grande fortune soulève autour d'elle, il a conquis l'amitié même de ses adversaires politiques, séduits par le charme de son commerce et la haute dignité de son caractère

Réélu par 2,867 voix aux élections générales **dernières** contre 2,393 données au comte de **Malausséna**, son concurrent, M. Raphaël Bischoffeheim a constamment voté avec les républicains, se montrant aussi libéral dans ses conceptions politiques que dans sa vie privée.

Ancien banquier, homme d'ordre et de probité, incapable de promesses mensongères, il sait que les réformes sociales sont de redoutables problèmes qui demandent à être mûris et que les plus audacieux ne sauraient traiter à la légère.

Il a porté toute son influence à développer autour de lui les associations de secours mutuels, d'épargne et de prévoyance, tâchant à encourager les travailleurs dans le culte de l'initiative individuelle et du travail qui, seuls, pourront sauver le citoyen futur des réglementations d'un état qui l'étouffe et la société du socialisme qui la menace.

Signes particuliers : Fréquente au Cercle National et à l'Union Artistique.

Armes parlantes : Un télescope d'or sur fond d'azur.

CHARLES BIVEL

La physionomie agréable, le visage un peu pâle, encadré d'une barbe châtain trente-cinq ans, simple et modeste par goût, Charles Bivel fut longtemps le fondé de pouvoirs de M. Robert, qui lui confiait la mission délicate de tenir son carnet.

Bivel s'acquitta toujours de ses fonctions difficiles avec la plus grande habileté et les marchés houleux où la mêlée est terrible vers le début et à la fin de la séance, ne l'ont jamais intimidé. L'on sait que dans notre marché financier les fluctuations sont soudaires ; la qualité prédominante du tempérament de l'homme de Bourse est de ne pas s'émouvoir de ces mouvements brusques et de les accueillir avec sang-froid pour le grand profit des clients qui lui ont confié l'exécution de leurs ordres.

Celui dont je fais cette rapide et courte biographie possède au plus haut point ces qualités et il a su les inculquer à son personnel qui lui est absolument dévoué.

Aujourd'hui établi en son nom, il dirige sa maison de banque avec talent et autorité. Actif, travailleur et intelligent, il possède l'estime de ses confrères et la confiance de sa nombreuse clientèle. Bivel est de ceux qui n'ont pas l'ambition des grosses affaires, mais qui préfèrent mettre en pratique le vieux proverbe qui consiste à aller « doucement et longtemps » — *qui va piano va sano* — c'est-à-dire à pratiquer journellement des affaires moins fortes mais nombreuses qui, en vertu du principe de la division des risques, conduisent aisément à la fortune et Bivel la mérite, à tous égards, grâce à une carrière de labeur opiniâtre, de dévouement à sa clientèle et de fidélité à la déesse Raison.

MAURICE BIXIO

Président de la Compagnie générale des Voitures, commandeur de la Légion d'honneur, membre du Conseil d'administration de la Banque Internationale, Maurice Bixio est une des figures les plus connues de la Société parisienne.

D'une vive intelligence, au courant de tous les grands problèmes financiers que soulève la vie moderne, progressiste et initiateur hardi, administrateur habile et économiste distingué, on peut dire, sans être taxé d'exagération, que c'est lui qui a fait de la Compagnie générale des Voitures ce qu'elle est aujourd'hui, la puissante Compagnie dont les voitures sillonnent la capitale en tous sens et rendent à la population de très réels services.

Les progrès de l'industrie de la locomotion depuis si longtemps attendus pour leur application dans le public ont trouvé dans M. Bixio un adaptateur enthousiaste et c'est avec joie que le public parisien a appris qu'il allait avoir des fiacres automobiles.

La transformation ne devant pas diminuer le personnel de la Compagnie ni même le changer, mais peut-être même l'augmenter, la mesure était de celle qui ne pouvait être que bien accueillie par les cochers eux-mêmes dont quelques uns vont désormais s'appeler chauffeurs, titres dont la sonorité et l'allure scientifique ne peuvent manquer d'être considérés comme plus flatteurs.

Accueillant et affable, la tête énergique, le geste indolent, l'œil vif donnant l'exemple d'un labeur incessant, M. Maurice Bixio aime d'une affection toute paternelle ses nombreux employés qui, d'ailleurs, le lui rendent bien.

Au demeurant, un administrateur émérite doublé d'un véritable philanthrope, tel est le président de la Compagnie générales des Voitures dont le nom dans la société parisienne est l'objet d'unanimes sympathies qui se sont manifestées d'une façon très vive au moment de la perte de son fils, mort à Lyon, dans les dramatiques circonstances qu'on n'a pas oubliées.

Armes parlantes : Un chapeau de cuir bouilli à plusieurs rangs de gueule sur fond d'or.

Signe particulier : Cumule la qualité de membre de la *Société hippique* avec celle de membre de l'*Automobile Club* !

PAUL BLONDEAU

Parmi les différentes personnalités que je ne saurais omettre de citer dans ces rapides portraits à la plume, figure M. Paul Blondeau, le chef de l'une des plus anciennes et des plus honorables maisons de la coulisse parisienne des Rentes et des valeurs

Inscrit depuis plus de quinze ans au Syndicat que l'on appelle communément en Bourse « la feuille », Paul Blondeau a été de toutes les grandes émissions et de toutes les opérations financières importantes dont les émissions se sont faites sur le marché, à ce marché de la coulisse parisienne où viennent toujours les nouvelles affaires avant leur cote officielle et leur consécration définitive.

Paul Blondeau fut l'un de ceux qui contribuèrent le plus à la grandeur et à la prospérité des affaires financières de notre place ; en mainte occasion, il sut prendre une initiative heureuse, et, consulté souvent par ses confrères sur l'opportunité de telle mesure pour la réglementation des opérations, ses avis furent toujours écoutés de ceux qui l'entouraient.

Ne donnant son patronage et ses soins qu'à bon

escient, avec le raisonnement sain et justifié par l'expérience d'une long e pratique des affaires, celui que je silhouette ici à grands traits a conquis l'une des places d'honneur dans le monde finan - cier.

La haute clientèle des banquiers les plus marquants et des établissements de crédit est acquise depuis nombre d'années à Paul Blondeau, ce qui est, on le sait, non seulement un brevet de capacité, mais aussi un hommage constant rendu à sa probité et aux engagements toujours tenus ponctuellement ; l'on appelle cela, en Bourse, un crédit de tout premier ordre.

Secondé très habilement, et d'une façon fort dévouée, par son frère, Paul Blondeau a parcouru une carrière des plus honorables et restera dans l'histoire de la Bourse un enseignement de labeur et d'activité, un exemple de probité que je ne saurais m'empêcher de citer aux jeunes, à ceux qui entrent dans le temple de Mercure.

SIR EDWARD BLOUNT

Ce n'est point une silhouette banale que celle de sir Edward Blount, président du Conseil d'administration de la *Société générale pour favoriser le développement du Commerce et de l'Industrie en France*.

La tête très belle avec des yeux étincelants sous la blanche broussaille des sourcils épais, le nez arqué marquant la ténacité dont il ne s'est pas départi de toute sa vie, les lèvres rasées laissant voir une bouche assez sévère et même un peu frondeuse si quelques plis aux commissures ne faisaient bientôt deviner la bonté, les blancs favoris coupés ras, l'aspect général du grand seigneur anglais : tel est sir Edward Blount, commandeur de la Légion d'honneur, membre du Jockey-Club, administrateur de plus de dix grandes Sociétés françaises et que la Société générale a placé à sa tête depuis longtemps déjà pour son plus grand bien et son plus grand honneur.

Au moral, d'une grande bienveillance et d'une intelligence supérieure, aimant passionnément la France, il lui a donné, son cœ r, consacré sa vie et confié tous ses capitaux puis le jour, où chargé de récolter en Angleterre les premiers fonds nécessaires à la construction des chemins de fer de l'Ouest, jusqu'à l'heure présente où grâce à sa prodigieuse activité, non seulement la *Compagnie de l'Ouest*, dont il est resté président honoraire, mais la *Compagnie de Paris-Lyon*, la *Compagnie des chemins de fer de Saragosse*, la *Société des Transports maritimes*, la *Société Générale des Eaux*, ont fait des progrès incontestables et réalisé d'immenses bénéfices.

Mais c'est encore à la Société Générale qu'il est resté le plus affectueusement attaché, et l'intérêt qu'il porte à l'administration de ce puissant institut financier n'a d'égal que les progrès réalisés par lui.

Secondé d'ailleurs dans sa haute tâche par un Conseil d'administration qui compte dans ses rangs les personnalités les plus distingués de la Société parisienne, et par M. Dorizon, le jeune et distingué directeur que le Gouvernement de la République vient de faire chevalier de la Légion d'honneur, M. Blount peut, avec raison, s'énorgueillir son œuvre, des services qu'elle a rendus a public français, et de ceux qu'elle est appelée à lu rendre encore.

S. A. I. Prince ROLAND BONAPARTE

Hier matin, grand déjeuner chez le prince Roland Bonaparte, en l'honneur de l'explorateur suédois Swen Hedin. Autour de son hôte, le prince avait réuni un grand nombre de membres de l'Institut, de géographes et d'explorateurs.

On se souvient de l'accueil si flatteur que Son Altesse Impériale avait fait, il y a quelques mois, à Nansen, l'intrépide explorateur du Pôle Nord.

Ce n'est point une physionomie banale que celle du prince Roland, membre de l'Institut, lettré délicat, géographe passionné qui, oublieux de la politique, a élevé aux livres, à ses amis préférés, la plus belle demeure qui eur ait jamais été consacrée.

Avenue d'Iéna, non loin de l'hôtel du père Grévy, dans un site merveilleux, dominant les jardins du Trocadéro et le Champ de Mars, en ce quartier, témoin des gloires de ros expositions, s'élève la demeure d'un prince ami de l'étude et des lettres.

Au-dessus de la porte d'entrée, les armes impériales indiquent la résidence d'un Napoléon, mais à l'intérieur, plus luxueuse que tous les salons, est la bibliothèque à laquelle l'architecte a consacré les étages supérieurs, immense et claire, garnie de livres et d'atlas du plus grand prix.

C'est là que S. A. I. le prince Bonaparte reçoit ses intimes, ses collègues le l'Institut, les artistes, affable et bienveillant, l'esprit ouvert à toutes les nobles choses.

De taille moyenne, l'œil vif, la parole brève, cependant que le visage s'éclaire d'un sourire un peu mélancolique, causeur charmant dans l'intimité, le prince apparaît un peu froid au visiteur qui l'aborde pour la première fois, mais sa physionomie sympathique s'avive au contact d'un dévouement sincère s'illuminant surtout au récit des voyages dont il est passionné.

Ferais-je ici l'éloge de son inépuisable philanthropie ? Tout le monde sait qu'il est un des partisans les plus convaincus de l'assistance matérielle et morale par le travail. Les œuvres auxquelles il collabore sont nombreuses.

Fier de son nom et de ses grands ancêtres, mais modeste et simple dans toute sa personne, fuyant le bruit et les vaines agitations de la politique, le prince Bonaparte a, dans une république, la seule attitude qui convient à un prince de grand caractère, il vit en savant, en Mécène éclairé et en homme de bien.

Signe particulier : Ne fait partie que d'un seul cercle, le Yacht-Club, synthèse de ses préférences.

LÉON BONNAT

Je sors du Panthéon où, tous ces jours écoulés une foule immense est venue saluer les morts illustres; et je suis encore sous l'impression de l'admirable et saisissante fresque dans laquelle Léon Bonnat a peint le martyre de saint Denis.

Déjà, le billot infâme de l'exécuteur, taché du sang des martyrs, a vu rouler plus d'une tête éparse sur les degrés de l'échafaud, quand un vent de terreur et d'épouvante sème l'effroi sur les têtes des païens : le corps de saint Denis, qu'un coup de hache venait de séparer de la tête, s'illumine d'une blanche étoile au-dessus des artères broyées, et. de ses mains, plus fortes que la mort, le saint reprend sa tête.

J'ai commencé par cette œuvre, d'abord parce qu'elle était plus présente à ma mémoire, ensuite. parce qu'elle est une date dans la vie de Bonnat.

Voulez-vous, d'ailleurs, connaître le maître déjà illustre par trois de ses plus belles œuvres?

Sortant du Panthéon, traversez le jardin du Luxembourg et, dans le musée de la rue de Vaugirard, si petit, où les chefs-d'œuvre coudoient les horreurs les plus fantaisistes, arretêz-vous devant « Job sur son fumier » et devant le « Portrait du cardinal Lavigerie ».

Ce dernier surtout avec ses tonalités éclatantes, sa facture si puissante, si ferme et si nette, quelle œuvre et comme au Louvre il fera figure!

Le grand prélat est représenté assis, tenant à la main une plume, avec laquelle sans doute il va signer la feuille de route de quelque ardent missionnaire en mettant en marge, peut-être, cette mention terrible qu'il plaça, un jour, sur celle d'un de mes camarades de lycée partant pour l'Afrique centrale : « Bon pour le martyre », *Visus pro martyrio.*

Le « portrait de Jules Ferry, » plus petit de dimension, une tête seule! mais quelle tête, manque au Luxembourg où il devrait bien venir prendre place un jour. De l'avis unanime de tous les amis de cet homme d'Etat, c'est le plus beau portrait qui ait jamais été fait de cette tête énergique et dédaigneuse, aux traits un peu las cependant, où perçait déjà un peu de cette mélancolie avec laquelle il disait plus tard au Sénat que

« L'adversité ne porte pas les mêmes fruits dans toutes les âmes qu'il en est qui s'élèvent et grandissent à la clarté des jours d'épreuves ».

On compendra l'impossibilité pour moi de rendre compte, en si peu d'espace qui m'est départi d'une carrière comme celle de Léon Bonnat.

Toutefois, comme il vaut mieux terrer sa plume en un coin que d'écrire des silhouettes non documentées, donnons ici une rapide énumération des œuvres du maître :

Le « bon Samaritain » (1859), « Adam et Ève trouvant Abel mort »(mus. de Lille), « Mariuccia », un « Portrait » 2e méd. — 1861) « martyre de saint-André ». « Pasqua Maria » (1863), « Pèlerins aux pieds de la statue de Saint-Pierre dans l'église Saint-Pierre de Rome » (1864 — acquis par l'Impératrice), « Antigone conduisant Œdipe aveugle » (1865), « Saint-Vincent-de-Paul prenant la place d'un galérien » (église Saint-Nicolas-des-Champs), « Paysans napolitains devant le Palais Farnèse, à Rome » (1866), « Ribéria » (1869), « l'Assomption » (Eglise Saint-André-de-Bayonne) plafonds de la salle des assises du Palais de Justice (1869), « Femme fellah et son enfant », « Une rue à Jérusalem » (1870), « Cheik d'Akabah », « Femmes d'Ustaritz » (1882), « Scherzo », « Barbier turs » (1873), « Le Christ » (pour une des salles de la cour d'assises, « les Premiers pas » (1874), « Portraits de Mme Pascha et de l'Auteur » (1875), « Barbier nègre à Suez », la lutte de Jacob » (1876), « Portrait de Thiers » (1877), « Portrait de Jules Grévy », « Job » (1880), « Martyre de saint Denis » (1885), « M. Pasteur et sa petite fille », « le vicomte Delaborde » (1886), « Alexandre Dumas » (1887), « le cardinal Lavigerie », « Jules Ferry » (1888), « Idylle » (1889), « Sa-

di-Carnot » ('89)), « la Jeunesse de Samson » (1891)
et enfin cette année aux Champs-Elysées le portrait de son vieil ami Bertrand, son collègue de
l'Institut. dont j'ai eu l'occasion de parler ici-
même.

Le front haut et découvert, les yeux très doux.
un visage très pur encadré d'une barbe blanche
taillée en pointe, le nez droit dénot nt la volonté,
l'allure un peu lente comme il convient à ceux qui
observent affable et charmeur, Léon Bonnat est
de plus un des esprits les plus fins et les plus élevés de son temps.

Entré vivant dans une gloire incontestée désormais, il a gardé vis-à-vis de tous une modestie et
une cordialité charmante qui lui ont créé dans le
public parisien d'unanimes sympathies.

Que le grand peintre qui a composé de si fins et
si nobles portraits me pardonne de m'être attaqué
au sien, qui demandait à être traité par un maître.

Indulgent comme il sait l'être, il m'accordera les
circonstantes atténuantes en considération des
sentiments de respect et de profonde admiration
qui m'ont guidé ici.

Signe particulier : Membre du Conseil de l'Ordre
de la Légion d'Honneur.

PAUL BOURGET

Vous rappelez-vous, chers lecteurs, quelle joie
s'empara, il y a deux ans, de tout ce que la France
compte de lettrés et de délicats quand fut connue
la nouvelle de l'entrée de Bourget à l'Académie?

La vieille Assemblée rachetait du même coup
les choix combien bizarres des Tureau-Dangin,

des Pasquier et de tant d'autres, en même temps qu'elle se lavait aux yeux des gens de lettres d'exclusions peut-être plus singulières encore.

Ce jour-là enfin, le talent dans tout l'éclat de sa maturité prenait place sous la coupole Mazarine, et, bien que prévue, cette entrée aussi triomphale qu'aisée eut lieu aux applaudissements de tous.

L'auteur de *Cruelle Enigme*, d'*Un cœur de femme* et de *Cosmopolis*, allait donc revêtir l'habit à palmes, et, pour la première fois, on entendrait discourir l'éminent écrivain auquel la plume seule, une plume délicate et affinée, avait valu son renom.

Assez élégant, la taillle serrée dans son habit à la française, le visage un peu pâle, les traits tirés comme ceux d'un homme qui, malgré sa jeunesse, a beaucoup vécu ou beaucoup souffert, — les deux pourraient bien être synonymes, — ramenant en un geste continuel de la main gauche une mèche de cheveux rebelle qui semble vouloir cacher le monocle rivé à l'œil, Bourget est là, en effet, entouré de ses parrains, en présence de tout ce que Paris renferme de noms illustres dans les Lettres et dans les Arts.

Son discours, bien que prononcé d'une voix un peu émue, ne tarde pas à lui conquérir les sympathies de l'Assemblée et la tient sous le charme le plus grand qu'ait pu jamais peut-être faire naître une éloquence qui ne procède ni par éclats ni par de grandes claironnées, mais par cette douce et limpide harmonie des phrases qui semble être comme l'intime secret et la caractéristique supérieure de ce beau talent.

Bourget parle de l'éducation littéraire de notre époque, et il reproche aux jeunes gens de lire des romans sans soupçonner qu'on puisse les avoir vécus; de s'enthousiasmer, sans raisons, dans l'éloge ou dans la critique ; de vouloir s'offrir enfin des sensations qui ne se sont pas révélées, qui n'ont pas encore germé pour eux.

« L'adolescent, dit-il, ressemble à son frère enfant qui joue au jardinier et qui, après avoir coupé des fleurs, les plante dans le sable. Il les laisse à midi toutes parfumées et dans tout l'éclat de leur fraicheur; mais lorsqu'il revient vers le soir, il les trouve fanées; leurs corolles sont desséchées, et il se lamente parce qu'il est un enfant; et il ne sait pas que les fleurs ont des racines et que leur tige est le résultat du patient travail de la graine sous la terre !

« De même l'adolescent ignore que les sensations et les sentiments ont leurs causes et leurs raisons d'être, que les heures d'exaltation sont rares dans la vie, et qu'il faut mériter d'aimer, mériter de sentir, je dirais volontiers mériter de souffrir, s'il est vrai que la souffrance soit la grande épreuve comme la grande noblesse humaine. »

Je m'arrête, le cadre restreint où m'enserre le genre de mes *Silhouettes* ne me permettant pas de faire ici toutes les citations que je voudrais.

Ceux-là seuls qui connaissent Bourget pour l'avoir lu, relu et analysé, ceux-là seuls comprendront mon enthousiasme pour le brillant écrivain, dont plusieurs pages d'*Un cœur de femme* resteront comme des modèles classiques du plus pur style français.

Les types de ses romans, admirablement décrits, sont étudiés sur place, serrés de près. Rien ne lui échappe, et aucun côté de leur caractère n'est laissé dans l'ombre. Que ce soit l'officier de marine au tempérament si loyal et si sévère, le journaliste

2.

léger, sceptique et involontairement cruel, ou le vieux zouave pontifical avec ses haines, son mépris de l'aristocratie de pacotille et ses brusqueries vite oubliées ; que ce soit l'épouse jalouse et impardonnante, la jeune fille au cœur blessé réfugiée dans l'idéal religieux, ou la courtisane rastaquouère qui fait mouler les traits de sa fille après l'avoir conduite au suicide, partout Bourget excelle dans une peinture complète et achevée de ses personnages. Dans ceux-là même de ses romans qui restent un peu inférieurs, tels que *Terre Promise* ou *André Cornélis*, les caractères y sont vrais jusqu'au réalisme, et l'on a beau se séparer de l'auteur, répudier ses idées mystiques ou se révolter contre les cauchemars qu'il nous donne en décrivant son type d'assassin galant homme, il reste, en tout cela, le peintre fouilleur et le délicat artiste de ses plus harmonieuses créations.

Très religieux, dévôt même, sinon clérical, Bourget est cependant un sincère et un libéral. Très sympathique et affable, sa porte est ouverte à tous ceux que la littérature intéresse, quels que soient leur rang ou leurs opinions. Ainsi s'explique sa popularité parmi les jeunes chez lesquels le scepticisme de mode sur le boulevard comme au salon n'a pas détruit le culte de tout ce qui est digne d'une admiration impartiale.

Signes particuliers : Très parisien bien qu'il soit toujours en l'air. Adore la Grande Ville ses habitudes et ses tendances, et s'élance dans les bras d'un Français dès qu'il en rencontre un à l'Etranger.

Incapable de mettre de l'ordre dans ses malles, mais crie comme un aveugle qui a perdu son bâton au moindre objet qui lui échappe.

Fait sa partie de Jacquet au Cercle de l'Union Artistique.

RENÉ BRICE

L'un des plus anciens parlementaires de la Chambre.

A débuté dans la carrière à l'Assemblée nationale.

Soixante ans au mois de juin prochain, en paraît à peine cinquante, tant le visage est souriant et affable, la démarche prompte et le geste vif.

Né dans la capitale de la Bretagne, qu'il affectionne si tendrement et qui, d'ailleurs, le lui rend bien, M. René Brice s'est consacré tout entier aux questions d'affaires.

Nul n'excelle comme lui à comprendre les chiffres et à leur arracher leurs secrets.

Directeur du Comité d'études du Crédit Lyonnais, dont il est membre du Conseil d'administration, il a rendu à la grande institution de crédit de signalés services.

A été, avec MM. Thors et Broleman, un des pères qui ont enfanté le Crédit Foncier franco-canadien, dont le siège est à Montréal, mais qui a son Comité d'administrateurs à la Banque de Paris et des Pays-Bas.

Orateur à la parole élégante et sobre, M. René Brice a prononcé à la tribune de la Chambre des discours fort remarqués et qui, depuis longtemps, ont contribué à le mettre en évidence.

Très aimé de ses compatriotes, il les avait représentés sans interruption à la Chambre, depuis 1871, lorsque la rafale boulangiste qui soufflait si fort en

Ille-et-Vilaine aux élections générales de 1889 le
fit échouer.

L'aventure ayant pris fin et les électeurs reve-
nus de leur fièvre chaude, René Brice est retourné
prendre sa place dans cette Chambre, où il compte
tant d'amis sincères et dévoués.

Signes particuliers : Possède ce que don César
de Bazan appelait la meilleure des bibliothèques,
le cidre de la Bretagne, qu'il offre si affablement à
ses amis dans son ermitage de La Vallée, près de
Rennes.

Deuxième signe particulier : Chevalier de la
Légion d'honneur, bien que député.

GEORGES BRÖLEMANN

Grand, la mine fleurie, les favoris blancs coupés
court, l'allure d'un jeune homme, malgré ses
62 ans ; la bonté et l'affabilité personnifiées.

A été à Lyon, où il possède les sympathies générales, un des premiers fondateurs du grand
établissement de crédit qui couvre aujourd'hui de
ses ramifications la France entière.

Confiant dès la première heure dans l'avenir de
la société qu'il fondait, M. Brolemann recueille
aujourd'hui le fruit de son travail et de sa perspicacité.

Son caractère distinctif est d'être un laborieux,
toujours sur la brèche, étudiant sans cesse, ne
laissant passer aucun détail, se rendant compte de
tout.

Aussi combien est-il aimé de tous dans la
maison : MM. Germain, Mazerat, René Brice,

tous ses collègues du Conseil d'Administration ont foi dans ses lumières et savent que quand M. Brolemann fait une objection c'est qu'elle repose sur l'expérience même.

Membre de plusieurs autres Sociétés financières entre lesquelles il partage sa juvénile activité, nul plus que lui ne connaît cette grande science de l'Economie politique qui est comme l'arbre de transmission des autres sciences financières.

Avec cela gentleman et homme du monde impeccable, recevant ses amis en son charmant home du boulevard Malesherbes avec cette exquise bonne humeur qui le ferait reconnaître dans un salon de quelqu'un qui aurait les yeux bandés, M. Brolemann est une des physionomies les plus sympathiques et l'une des personnalités les plus distinguées du monde parisien.

Possédant une belle fortune dont il fait le plus louable et le plus intelligent usage, adoré des pauvres gens dont il est la Providence, il est dans ce monde financier, souvent si calomnié, une figure qui impose au suprême degré le respect et l'admiration.

Signe particulier : Aime flâner le long des boulevards en allant de la gare Saint-Lazare au Crédit Lyonnais ou au Cercle des Chemins de fer où il est si entouré.

PAUL BROUARDEL

« A leur tête se trouve un homme jeune encore et cependant doyen de la première Faculté du monde, honnête homme plus encore que savant

car la science a des limites et la probité n'en a
pas ! »

C'est en ces termes que M. Lachaud faisait un
jour le portrait de celui que nous nous sommes
accoutumés de considérer comme le grand initiateur de la médecine légale.

Quelle physionomie curieuse et originale que
celle du célèbre professeur !

La tête dont l'œil est interrogateur est belle et
sympathique, la bouche qu'ombrage une moustache
assez épaisse tempère par la douceur du sourire
la vivacité du regard cependant que tout le corps
décèle une activité et une nervosité prodigieuses.

Né dans l'héroïque cité de Saint-Quentin, le
17 février 1837, Paul Brouardel, lorsqu'il fut nommé à la Faculté de Médecine, était le plus jeune
professeur de toute l'Université.

Il se spécialisa dans l'étude des questions de
médecine légale et son nom, prononcé à l'occasion
de diverses affaires criminelles retentissantes,
entra vite dans la grande notoriété ! Commis par
le Parquet dans toutes les circonstances où la Justice avait recours aux lumières de la science, il a
rendu à la société de signalés services sans avoir
jamais, d'ailleurs, trahi les intérêts de l'accusé,
n'apportant dans ses constatations aucune préoccu-
pation étrangère à la pure recherche de la vérité.

Médecin des épidémies et président de la Société
d'hygiène de France, il a été souvent délégué par
le gouvernement pour étudier dans les divers
coins du pays les épidémies qui s'y déclaraient et
pour y porter remède.

Ce fut au cours d'une de ces missions dans la
Vienne que j'eus l'honneur de le connaître. Une
épidémie de *suette milliaire* que les employés du

ministère de l'intérieur avaient cru devoir appeler dans leurs instructions au préfet : *suette militaire* (sic !) sévissait en 1887 dans l'arrondissement de Montmorillon.

J'accompagnais le docteur Brouardel et le préfet de la Vienne, M. Cleiftie, dont j'étais le chef de cabinet dans leur triste mission et je pus apprécier sur le vif, tout ce que contenait de dévouement charitable et d'énergique activité l'âme de ce savant dont la renommée à cette époque était déjà grande dans tout le pays.

Elevé à la plus haute dignité universitaire qui soit, c'est-à-dire choisi comme doyen de la Faculté de médecine de Paris par ses pairs qui ont ainsi rendu un éclatant hommage à sa valeur scientifique et à l'élévation de son caractère, M. Brouardel n'a cessé dans ce rôle d'être l'homme juste et accessible à tous, tâchant à calmer les conflits vite apaisés d'ailleurs qui, parfois, surgissent entre les maîtres et les étudiants et se montrant en un mot, suivant la forte expression de nos voisins d'Outre-Manche : *the right man in the right place.*

Quel plus bel éloge pourrait-on faire de lui ?]

Signe particulier :

Passe toutes ses vacances dans le Calvados, au château de la Monteillerie, dont tous ses amis connaissent l'affectueuse et brillante hospitalité.

LOUIS CAILLETET

Tout en haut du boulevard Saint-Michel, en face le jardin du Luxembourg, en un coquet apparte-ment tout meublé de livres et de bibelots d'art et d'où la v   s'étend jusqu'au plateau de Châtillon d'un côté, et de l'autre domine la grande cité qui s'agite. Louis Cailletet reçoit ses intimes avec une affabilité charmante et cause avec eux de son incessant labeur et de ses merveilleuses découvertes.

Membre de l'Institut, officier de la Légion d'honneur, membre du Conseil d'administration des chemins de fer de l'Est, auxquels il apporte le concours de son érudition et d'un dévouement sans réserve, M. Louis Cailletet est une des physionomies les plus distinguées et les plus sympatiques de la société parisienne. Grand, l'œil vif et toujours en mouvement, le geste affable, portant chez lui des vestons où les taches du laboratoire ont fait autant d'étoiles glorieuses, modeste et simple, le savant dont je retrace ici cette courte silhouette est de ceux auxquels la science doit plusieurs de ses découvertes.

Ses travaux sur les grands froids, qui lui ont valu sa réputation dans le grand public, ont été l'objet passionnant de son existence.

Pour obtenir, en effet, des températures de 200 degrés de froid, de ces températures qui rendent les gaz liquides, il faut des appareils frigorifiques d'une puissance extraordinaire, construits spécialement, à grands frais : M. Cailletet a dépensé dans ses recherches une fortune personnelle considérable.

Aucun de ceux qui le connaissent ne s'en étonnera, mais on a le droit de regretter que le gouvernement, lorsqu'il se trouve en présence de savants de cette allure à la recherche de vérités scientifiques d'un ordre tout à fait intéressant, ne trouve pas le moyen de mettre à leur disposition les sommes nécessaires.

Ne se trouvera-t-il aucun ministre, aucun député

ou sénateur pour demander les sommes nécessaires aux recherches de ces savants qui font sans doute moins de bruit que nos politiciens ou nos acteurs, mais qui rendent plus de services?

Louis Cailletet est encore très connu pour sa découverte du gaz acétylène, et, à ce propos, il convient de proclamer hautement que c'est lui qui, le premier, le soupçonna et l'annonça à l'Académie des sciences.

D'autres vinrent ensuite, comme Raoul Pictet, dont on a fait, à tort, dans certains journaux, le rival de Louis Cailletet — les deux hommes et leurs œuvres n'ont rien de commun — qui tirèrent parti de la découverte scientifique en asservissant le gaz à l'éclairage; comme toujours, il semble que l'industrialisme ait détourné une part des lauriers dus à la science, mais en somme, je le répète, rien n'était commun entre les deux savants, si ce n'est l'objet de leurs recherches.

Telle est, esquissée à grands traits, la silhouette d'un de nos savants les plus sympathiques et les plus méritants. Je l'aurai complétée, autant que me le permet la place qui m'est réservée, en ajoutant que Louis Cailletet est un philanthrope dont le cœur et la bourse ont plus d'une fois soulagé la misère et procuré du travail, la seule vraie ressource dans la vie parisienne.

Ermitage : Un castel en Castillon-sur-Seine (Côte-d'Or).

CHARLES CAREY

Un spécialiste au grand marché des Rentes françaises, un nom ancien et fort connu; membre du

Syndicat de la Coulisse des Rentes qui a rendu de
si grands services à la place de Paris et qui a élevé
à un niveau envié par beaucorp de nations le
renom dont nos fonds d'Etat jouissent à l'étranger.

Cinquante-cinq ans, une taille d'athlète et de
forte corpulence, figure ouverte et franche, moustache brune, visage légèrement rosé, Charles Carey
est un homme de carrière et a fait au cours de
celle-ci de très grosses affaires.

S'occupait également, il y a quelque quinze ans,
du marché des valeurs internationales, dans le
grand groupe qui tient ses assises sous l'horloge
du péristyle.

Carey préféra ensuite consacrer exclusivement
son activité au marché des Rentes qu'il n'a plus
quitté depuis et où il occupe une place importante.

A établi son quartier général à l'intérieur de la
Bourse, au milieu de l'emplacement de droite
occupé par les banquiers et les représentants attitrés de nos grands établissements de crédit.

Tient sa clientèle de choix très fidèlement au
courant des moindres oscillations des Rentes et a
su rendre à cette clientèle les services éclairés de
l'homme d'expérience et du courtier dont l'initiative est toujours en éveil.

Signe particulier: caractère gai. Carey de nom,
carré en affaires.

LOUIS CARRIER-BELLEUSE

Héritier d'un grand nom qu'il porte avec crânerie, Louis-Robert Carrier-Belleuse est un des

jeunes artistes les plus admirés des Champs-
Elysées.

Elève de son père, de Cabanel et de Boulanger,
il manie avec un même bonheur le pinceau, la rape
et l'ébauchoir.

Ne dédaigne pas les arts décoratifs et après avoir
donné à la sculpture cette œuvre capitale qui
s'appelle : « La République de Costa-Rica », expo-
sait en 1896, à la section des objets d'art, un vase
et une jardinière en faïence.

Mais à mon sens, c'est surtout le peintre qu'il
convient de louer en Carrier-Belleuse et quelque
soit le talent de l'auteur de la *Charmeuse de Pan-
thères*, qu'il me permette de lui dire que sa voie lui
est tracée par l'admirable toile si pleine de vigueur,
d'observation et de réalisme qu'il a intitulée : *Une
équipe de bitumiers.*

Le tableau a été acheté par le Luxembourg.
Souhaitons à M. Carrier-Belleuse et au Luxembourg ensemble d'avoir toujours la main aussi
heureuse.

J'ai dit, à l'*Evénement*, ce que je pensais de *Au
Cabestan*, je n'y reviendrai pas dans ces courtes
silhouettes où l'impression de la physionomie
dépeinte doit se détacher à l'aide de notations
brèves.

Chargé de la direction des travaux d'art à la
manufacture de Choisy-le-Roi, Louis Carrier-Belleuse y a exécuté de remarquables travaux de
céramique entre autres : *Les Sciences et les Arts.*

L'Etat dont c'est le rôle de savoir discerner le
mérite personnel et les services rendus a contracté
depuis quelque temps déjà une dette certaine vis-à-
vis de Carrier-Belleuse, qu'il s'en acquitte et le
jour où la croix de chevalier de la Légion d'hon-

neur sera décernée à l'artiste dont je viens d'esquisser la carrière, il y aura, dans le monde des ateliers, unanimité pour battre un ban en l'honneur du sympathique et distingué camarade qu'est Louis Carrier-Belleuse.

Signe particulier : S'entend souvent confondre avec Pierre Carrier-Belleuse, le distingué peintre des petits rats de la danse et n'est nullement offensé des éloges qui vont à ce frère tendrement affectionné.

BONY DE CASTELLANE

Futur représentant à la Chambre de l'arrondissement de Castellane.

A été en effet vivement sollicité par les électeurs de l'arrondissement dont il porte le nom, pour qu'il posât sa candidature.

Très libéral, acceptant les institutions républicaines avec la haute loyauté qui est le fond de son caractère ; aimé du peuple dont il s'est appliqué à connaître les besoins et à adoucir les souffrances, partisan de la diminution des charges qui pèsent sur la petite culture, le comte de Castellane a tout ce qu'il faut pour réussir et réussira. (1)

Ce n'est pas une silhouette banale que la sienne.

Le visage affable, les cheveux frisés, ayant grand air, de taille moyenne, mais fort élégant, l'esprit vif et pétillant, le comte Bony de Castellane est un des causeurs les plus charmants du cercle de l'Union et l'une des personnalités à la fois les plus

---

(1) Pendant que ce volume était sous presse le comte de Castellane était élu au premier tour de scrutin.

répandues et les plus sympathiques de la haute société parisienne.

On sait qu'il a épousé Mlle Gould, fille de l'éminent financier, plus connue parmi nous pour sa grâce et pour la bonté du cœur que pour sa grande fortune.

On se souvient de la ravissante fête que le comte et la comtesse de Castellane donnèrent, il y a deux ans, au bois de Boulogne et que ce sont eux qui, au lendemain de la terrible catastrophe du Bazar de la Charité, prirent à tâche de doter les œuvres charitables d'un asile plus sûr et définitif en offrant pour cette construction un don d'un million.

Quel plus bel usage peut-on faire de sa fortune et quel noble exemple donné aux riches.

Enfin tout Paris sait le goût du comte de Castellane pour les choses de l'art et qu'il s'emploie à faire gagner artistes et ouvriers.

En ce moment même, il fait édifier vers le milieu de l'avenue du Bois-de-Boulogne une superbe demeure d'une architecture aussi élégante que somptueuse et qui sera loin de déparer la célèbre avenue.

Élevé sur de hautes marches, dominant comme d'une terrasse l'avenue du Bois, un splendide hôtel aux colonnes de marbre rose, dont l'entrée principale pour les voitures ouvrira sur l'avenue Malakoff, est sur le point d'être achevé.

Le comte et la comtesse se proposent d'y donner des fêtes merveilleuses, offrant ainsi au commerce parisien l'occasion de montrer, une fois de plus, ce goût sûr et délicat auquel l'étranger est obligé de rendre hommage.

D'une vive intelligence, instruit, diplomate et très persuasif, le comte Bony de Castellane est un de ces hommes dont la place était marquée dans une Chambre française.

Partisan des idées d'ordre et de progrès, je ne puis, en ce qui me concerne, qu'applaudir au sentiment qui a guidé les électeurs de Castellane en lui offrant la candidature et je fais des vœux bien sincères pour que le galant homme dont je viens d'esquisser rapidement la silhouette prenne place au Palais-Bourbon qui a tant besoin de voir son prestige relevé par des gens de bonne compagnie.

JEAN CHARCOT

En son merveilleux hôtel du boulevard Saint-Germain, tout plein des souvenirs de deux des plus grandes figures de ce siècle, réunis là par de jeunes mains pieuses dans l'artistique splendeur des hautes tapisseries qui décorent un cabinet de travail grand comme un hall, le docteur Jean Charcot donne ses consultations et reçoit ses amis avec cette affabilité pleine de bonne grâce qui rappelle si bien aux amis de son père la bonté de l'illustre et regretté savant.

Savant et bon, celui-là le fut en effet par-dessus tout et je ne sais laquelle de ces deux choses il convient le plus de louer ici, s'il est vrai, suivant le mot d'un grand orateur, que la science a des limites et que la bonté n'en a pas.

Quel est le Parisien qui ne se rappelle avoir vu, au Salon de 1887, la belle toile d'André Brouillet, *Clinique du docteur Charcot à la Salpétrière*, aujourd'hui prêtée par l'Etat au Musée de Nice et qui fut unanimement considérée comme le chef-d'œuvre de l'artiste?

Combien l'Etat eût été mieux inspiré s'il eût

placé cette toile au Luxembourg au lieu d'*Intimité*, du même, bien inférieure à sa devancière.

Il eût ainsi offert au public un véritable échantillon du talent de Brouillet, en même temps que conservé à Paris un hommage si mérité au grand Charcot.

Au contraire de son père, le jeune docteur Charcot — il me pardonnera cette expression, car il a trente-quatre ans — porte toute la barbe, qui est très brune; le visage exprime une grande douceur, l'œil vif et inquisiteur paraît fouiller jusqu'au fond le malade pour arracher à la maladie son secret et la voix, un peu blanche d'ordinaire, prend, à certaines heures, lorsqu'il parle médecine ou littérature, des sonorités qui ajoutent au brio de la conversation.

Car le docteur Charcot est un brillant causeur, que mon confrère du *Figaro* aurait pu citer dans sa chronique d'hier destinée à peindre les salons où l'on cause.

Etabli depuis quelques années déjà, le docteur J.-B. Charcot, chef de clinique à la Faculté, a su se faire une clientèle d'élite, à laquelle il donne tous ses soins avec un dévouement constant.

On sait qu'il a épousé Mme Jeanne Hugo, la petite-fille de l'immortel poète. On comprend dès lors ce que peut renfermer de souvenirs précieux l'hôtel habité par les enfants de deux hommes qui illuminèrent ce siècle de leurs noms.

Signe particulier : Prépare l'agrégation.

FERNAND CHARRON

Un des directeurs de l'Agence générale des automobiles, célèbre déjà sous la raison sociale, Charron, Girardot et Voigt.

Un laborieux et un heureux.

Epris de vitesse, avide de *dévorer l'espace* suivant une expression populaire qui rend bien l'intensité de sa nervosité, de taille moyenne, mince, très élégant, l'œil brun vif et clair abrité sous les bords du chapeau mou, des fleurs à la boutonnière et des fleurs sur les lèvres lorsqu'il reçoit ses clients et s'emballe sur les progrès de la locomotion moderne.

Au moral, la parole loyale étincelle comme une de ces barres d'acier qui sortent de ses ateliers, le geste vif et énergique tout en restant affable révèle l'ancien champion de France, au temps glorieux des Médinger, des Civry et des Terront.

A débuté, en effet, par le cyclisme, cette admirable avenue de l'automobilisme et y a conquis les sympathies de tous par la franchise de son caractère, la loyauté de ses procédés et à l'égard de ses confrères une bienveillance qui ne s'est jamais démentie.

A été pendant près de cinq ans directeur de l'agence de Paris de la maison Humber, dont il avait fait de la marque une des plus répandues de France.

Ce fut au temps de sa direction dans cette maison, qu'il courut son fameux match à bicyclette contre Max Lebaudy, avec lequel il était resté depuis en relations amicales.

Mais les temps nouveaux étaient venus. Lentement, mais sûrement, s'élevait dans le firmament de l'industrie, une nouvelle étoile dont les rayons fulgurants devaient éclipser les autres : l'automobile était née. L'année dernière, Fernand Charron a lâché la bicyclette pour prendre l'agence générale des automobiles en compagnie de Girardon et de Voigt, deux anciens cyclistes comme lui, et comme lui rêvant de conquérir l'espace.

Chauffeur habile et intrépide, Fernand Charron dirige ses voitures sans chevaux, avec une remarquable maëstria, l'œil vif, la main sûre, il excelle suivant le vers célèbre appliqué à Néron « à conduire un char dans la carrière ».

Conduira d'ailleurs sa nouvelle maison comme son char, car aux brillantes qualités du jouteur, Fernand Charron joint celles d'un administrateur consciencieux.

Dernièrement il a fait le pari d'effectuer en vingt-quatre heures, le trajet de Paris à Marseille sur un automobile.

Souhaitons-lui, à lui et à ses vaillants collaborateurs, tout le succès qu'ils méritent et que l'avenir réserve aux hommes de cœur et d'espérance.

En rendant à l'industrie française sa prépondérance dans le monde, c'est un des plis du drapeau que l'on élève. Je devais à ceux qui ont entrepris cete tâche de les placer dans cette série des grands industriels qui font honneur à leur patrie.

Signe particulier : Vainqueur de la course d'automobiles, Marseille-Nice.

JULES CHÉRON

Médecin en chef de Saint-Lazare.

Cinquante-neuf ans, de taille moyenne, une tête de doge à barbe blanche.

A pendant quelque temps cherché sa voie; a débuté par des travaux sur l'électricité médicale, à une époque où ces questions-là étaient peu familières aux médecins français.

A imaginé un des meilleurs traitements de la phtisie pulmonaire et inventé, avec Nochet, un appareil extrèmement ingénieux : « l'*Ephtalmo-microscope* », pour la rétine.

Mais c'est en se spécialisant dans les maladies des femmes qu'il est devenu célèbre.

Son cours libre à la Faculté de médecine, les articles de la *Revue médico-chirurgicale des maladies des femmes*, ses leçons à sa clinique de la rue de Savoie sont des modèles du genre.

Opérateur habile mais modérément partisan des opérations, préfère celles qui améliorent la partie malade à celles qui la suppriment.¹

Sa découverte la plus retentissante est celle des injections de sérum artificiel.

C'est lui qui a scientifiquement réglé et introduit dans la pratique médicale le mode de traitement universellement adopté aujourd'hui.

Médecin de Saint-Lazare depuis vingt-sept ans, il y est estimé de tous pour sa bonté et sa douceur.

Le Dr Jules Chéron est officier de la Légion d'honneur depuis 1878 et officier de l'Instruction publique.

Signe particulier : Très aimé de ses élèves; entretient avec tous, notamment avec le Dr Maurice de Fleury, les liens les plus affectueux.

LÉON CLÉRY

Rue de la Tour-des-Dames, sur le seuil de cette butte Montmartre qui devient de plus en plus le quartier général des gens de Lettres et des Artistes, s'élève la somptueuse et artistique demeure, toute remplie de chefs-d'œuvre et de bibelots rares, du célèbre avocat que son talent fait d'érudition, de style élevé et de fine causerie a classé parmi les maîtres incontestés du barreau contemporain.

Né le 9 août 1831, à Paris même — ce qui l'autorise à faire partie de la Société des Parisiens de Paris — M° Léon Cléry, dont la fine silhouette, d'où émergent deux touffes de cheveux blancs, se détache sur les tentures rouges de son cabinet de travail, apparaît comme la personnification de l'ironie et de l'esprit parisien.

Victor Hugo avait, paraît-il, appelé Rochefort le premier ironiste du siècle. Si cela est vrai, M° Cléry en doit être le second. Les traits émaciés, le profil anguleux comme un couteau à papier, le visage entièrement rasé laissant voir toute la mobilité nerveuse de la physionomie, cependant que deux yeux malicieux vous dévisagent et vous fouillent, M° Cléry vous accueille avec une bonne grâce toute franche et cause avec un brio et une maëstria merveilleux, évoquant les souvenirs des procès célèbres qu'il plaida, émaillant son récit d'anecdotes piquantes finement contées avec, çà et là, un jugement précis et bref, aux mots parfois durs dans lenr netteté que tempère une grande bonté bien vite aperçue derrière la raillerie dont l'indulgence même donne de l'aristocratie et du ton à son scepticisme.

Débute au Palais, en octobre 1853 ; a plaidé depuis cette époque le nombre le plus considérable qu'on puisse supposer, de procès criminels et politiques ; Rappelons brièvement ici : le procès de Rochefort, (affaire de l'imprimeur auquel le polé_ miste avait octroyé des coups de canne). — M° Cléry plaide pour le lanternier et le fait acquitter. Tous les procès de *La Lune*, de *l'Eclipse*, en un mot les mille affaires qu'André Gill avait le talent de s'attirer sont plaidées par lui et le plus souvent gagnées. Au Seize mai, M° Cléry plaide la fameuse affaire du Bulletin des Communes, procès qu'il avait suggéré à ses amis d'engager contre le gouvernement à Versailles même, ce qui entre parenthèses dénotait du tempérament — à Montmartre — un peu plus haut— on dirait une santé !

Enfin, tout le monde se souvient du fameux procès Boulanger-Joffrin. M° Léon Cléry plaida pour Joffrin, pour lequel il conserva par la suite une réelle sympathie.

Orateur élégant, de style châtié, M° Cléry est avec M° Rousse un des avocats les plus écoutés au Palais. Ses plaidoiries, recueillies en volume, sont remplies de faits dénotant un esprit vif, original, épris de logique.

L'Académie qui a déjà ouvert ses portes à M° Rousse, s'honorerait en appelant chez elle un des hommes qui ont le mieux parlé la langue française devant les tribunaux, pour y faire valoir le bon droit et la justice.

Signe particulier : Se délasse de la procédure en faisant des voyages aux Indes et en Egypte.

Propriétaire au Caire et ami personnel du Khédive, avec lequel il a les plus cordiales relations. Pourrait en dire long s'il voulait sur la question d'Egypte.

GEORGES COCHERY

Puisque je suis en train de faire ici la série de nos ministres actuels, donnons une des premières places au ministre des finances, à l'homme qui tient les cordons de la bourse de l'Etat, et sans lequel aucun de ses collègues ne pourrait faire d'utile besogne.

Parisien de Paris, né dans la grande cité, le 20 mars 1855, Georges-Charles-Paul Cochery est le fils de l'ancien et sympathique ministre des postes et télégraphes qui, pendant un long séjour dans ces fonctions, y a présidé à la réorganisation de ces deux services.

On peut donc affirmer que l'ancien « pipo » qui dirige aujourd'hui nos finances a été, dès sa jeunesse, à bonne école.

Sorti de Polytechnique dans l'artillerie, M. Georges Cochery dirigea toute son activité vers l'étude de la télégraphie et de ses applications journalières ; et, en 1885, il fut nommé directeur au ministère des postes et des télégraphes.

Cette même année, il se présentait dans le Loiret (arrondissement de Pithiviers), dont son père était originaire, et il y fut élu député.

Depuis cette époque, Georges Cochery s'est acquis, à la Chambre, la réputation d'un laborieux et d'un homme de haute valeur, auquel ses adversaires comme ses rivaux sont obligés de rendre hommage.

Grand, blond, l'air très jeune, souriant et affable, l'œil vif toujours en mouvement derrière un lorgnon inamovible, tel est le très distingué et très sympathique ministre qui préside au Louvre à la confection du plus formidable budget d'Europe.

Nature loyale **et généreuse**, toujours préparée à rendre un service et à se dévouer, il ne compte que des amis dans le Parlement et dans la société parisienne.

Signe particulier : Consacre ses loisirs à pédalér pendant de longues heures et allait souvent **avant** d'être ministre tailler une bavette au Cercle National

ERNEST COGNACQ

Originaire de la Charente, actif, l'œil ardent, la bouche souriante, toujours vêtu simplement, expédiant choses et gens avec rapidité, la parole brève, tel est le très distingué et **très affable** créateur et propriétaire des Magasins de la *Samaritaine*.

Avec la divination des affaires qui le caractérise, Ernest Cognacq a compris que, pour être l'intermédiaire idéal entre le consommateur et le producteur, le commerçant devait réunir dans le commerce du détail tout ce qui constitue le besoin du consommateur à des prix tels que le gain de l'intermédiaire soit à peine visible, puisqu'il résultera seulement de l'ensemble des affaires traitées.

Et le principe adopté et mis en pratique lui a réussi.

Lorsque Ernest Cognacq créa la *Samaritaine*, quelques mois avant la guerre de 1870, il possédait 5,000 francs d'économies. Il s'installa dans une petite boutique louée à la semaine à raison de 15 francs par jour. En 1872, M. Cognacq épousa Mlle Jay, première au *Bon Marché*, qui lui apportait, avec une vingtaine de mille francs, le concours de son activité et de sa remarquable intelligence ; eurs efforts réunis portèrent, en 1875, le montant des ventes de la *Samaritaine* à 800,000 francs. Aujourd'hui, il s'élève à plus de 50 millions.

Entouré d'un personnel trié sur le volet, dont la politesse est légendaire à Paris, Ernest Cognacq est resté, au milieu du succès, ce qu'il a toujours été, un modeste, un simple et un observateur.

Admirablement doué au point de vue intellectuel, il a su tirer parti de ses connaissances administratives dans l'organisation de ses bureaux qui, au point de vue de la régularité même de leur fonctionnement, sont un modèle du genre.

Affable et bienveillant pour tous, possédant l'œil du lynx, qui voit tout au travers même des obstacles journaliers, il n'ignore rien de ce qui se passe dans sa vaste maison et aucun détail ne lui échappe.

L'ensemble des immeubles qui composent la *Samaritaine* offre à l'œil la forme d'un navire.

Qu'il me soit permis ici, me faisant l'interprete des sympathies parisiennes, de lui souhaiter bon vent et de le féliciter sur la marche qu'il a déja accomplie.

Celui qui le dirige le mérite à tous égards.

Signes particuliers :

Possède une cave que le Tsar lui-même peut lui envier. Fait partie de l'Automobile-Club.

LOUIS COLLIN

L un des plus fidèles adeptes du marché des Rentes françaises où il est inscrit au nombre des membres du Syndicat de la corporation spéciale des coulissiers qui ne traitent que nos fonds nationaux.

Trente-huit ans, de taille moyenne, le visage

oval orné d'une fine moustache blonde; la mise la plus correcte mais sans recherche, l'allure générale du parfait gentleman. De tempérament calme, sérieux, professant des idées logiques.

Quoique modeste par goût, Louis Collin a traité de grandes affaires sur le marché des Rentes françaises où il a acquis depuis de nombreuses années la réputation d'un homme de bien et où il est entouré de l'estime de tous ses confrères et de sa nombreuse clientèle.

A donné en maintes occasions de grandes preuves d'énergie et de tact dans les périodes de marchés houleux; se comporte toujours, en vertu d'un principe qui est la base de sa maison, avec la plus grande probité et le respect des engagements contractés.

FRANÇOIS COPPÉE

Tout là-bas, de l'autre côté de l'eau, dans une rue plus déserte et plus reculée qu'un faubourg de province, capable de donner au citadin qui d'hasard s'y aventure la nostalgie des champs, il existe une rue « petite, étroite, indifférente aux pas distraits de l'étranger ».

C'est là que réside, au numéro 12 de la rue Oudinot, avec sa sœur dont la tendre sollicitude l'entoure des soins les plus affectueux, l'auteur du *Passant*, de la *Grève des Forgerons* et de *Severo Torelli*.

Je l'aperçus, pour la première fois, il y a quelques années, lors de la célébration du centenaire de la Comédie-Française, où Got venait de dire sur la scène, avec son incomparable talent, la *Maison de Molière*, à propos plein de jolis vers que le maître avait composés pour cet!e mémorable circonstance.

Le rôle du comédien y était exulté avec chaleur, et les applaudissements avaient éclaté ferme, lorsque le vieux doyen avait scandé de sa voix restée sonore les derniers vers, si pleins d'une sincère mélancolie :

Aussi, modestement, mais la tête levée,
Nous osons nous tenir devant nos grands patrons ;
Hélas! c'est tout entiers que nous disparaîtrons :
Mais en donnant l'amour des beaux vers et du style,
Nous aurons fait du moins œuvre d'art, œuvre utile,
Et rempli, par le monde, un devoir assez beau.
Nous, les humbles soldats qui tenons le drapeau.

Coppée fut alors acclamé par les comédiens (ce qui n'est pas à dédaigner), embrassé par les actrices (ce qui fait toujours plaisir), fêté par toute la salle, et je songeais à part moi : « En voilà un qui peut aller devant le Comité de lecture, il ne courra certes pas le risque d'être refusé ! »

Quelques années après cependant, François Coppée s'y présentait, ayant à la main le manuscrit de *Pour la Couronne* et, comme le plus vulgaire des débutants, se voyait ajourné.

L'Odéon s'est chargé de le venger de tant d'ingratitude, et, singulière ironie des choses! la pièce de Coppée jouée à l'Odéon, pour avoir été refusée aux *Français*, fait entrer aux *Français* les artistes qui l'ont jouée à l'Odéon. C'est, du moins, la nouvelle que nous apportent les journaux de ces derniers temps : M. Fenoux débutera dans Andromaque à la Comédie-Française!

A quand l'entrée dans la noble compagnie de la

gracieuse Militza, qui sait si bien, suivant Coppée
lui-même, « poignarder les militzaires » ?

Le profil connu du poète n'a guère besoin d'être
décrit : les yeux petits et vifs, le nez droit, le visage
entièrement rasé, les cheveux ramenés en arrière,
fumant avec amour sa cigarette, entouré de ses
chats et de ses chattes pour lesquelles il a des soins
particuliers, il est bien l'homme le plus singulier à
la fois et le plus aimable de tout Paris.

Allez chez lui, vous y serez reçu avec cette affabilité et cette charmante bonne grâce qui séduisent
tous ceux qui l'approchent. Peut-être serez-vous
intrigué par les ficelles qui pendent à tous les bou-
tons de porte et à l'extrémité desquelles balancent
des bouchons de papier :

— C'est pour amuser les petits chats, monsieur!
Les hommes ont bien pour les distraire les courses,
les femmes et la politique. Pourquoi les chats de
Coppée n'auraient-ils pas leurs bouchons de
papier?

Tel est, en son *patelin* si modeste et si simple
et d'où se dégage un si grand parfum de bonté et
de vertu, le poète délicat, aux rimes harmonieuses,
qui n'a cessé, depuis vingt ans, de nous charmer
par des productions où la justesse de l'observation
ne le cède en rien à la beauté du vers. Coppée
aura été, sans condredit, le poète des petites gens.
Ses vers sentent le milieu honnête et humble qu'il
décrit, comme l'atelier de lingerie de l'*Assommoir*
sentait le fer à repasser, parce que tout y est exact
et qu'il n'y a d'exactement rendu que ce qui est
observé avec intérêt.

Signe particulier : Un des rares Parisiens nés à
Paris; préside en cette qualité la Société dite : les

Parisiens de Paris; adore la campagne et déteste les snobs.

Ramasse volontiers, sur son chemin, un fer à cheval et l'emporte dans la poche de son veston en guise de porte-bonheur.

CONSTANT COQUELIN

Celui-là, c'est Coquelin... (Hernani—par Jungle —scène des portraits)...

Et, en effet, l'homme que je présente aujourd'hui à mes lecteurs mérite une place à part parmi les comédiens.

Cette place est unique d'ailleurs.

Admirablement doué, pouvant aborder tous les genres, possédant dans la poitrine ce viscère du cœur qui fait les grands tragédiens, il eût pu s'avancer sans crainte sur le terrain du drame antique. Il a préféré rester sur celui de la comédie et en faire son domaine, suivant la formule de César qui disait qu'il valait mieux être le premier dans un village que le second dans Rome.

Né à Boulogne-sur-mer le 25 janvier 1841.

Fut au Conservatoire l'élève de Regnier.

En 1860, il y obtient le premier prix de comédie et débute la même année dans le *Dépit amoureux*, à ce Théâtre-Français auquel il devait apporter son tribut de gloire et contre lequel il devait soutenir son fameux procès.

De 1860 à 1886, disons les créations qu'il y a faites:

Le *Luthier de Crémone*, *Tabarin*, *Gringoire*, *l'Étrangère*, *Jean Dacier*; les *Fourchambault*, le *Monde où l'on s'ennuie*, les *Rantzau*, le *Député de Bombignac*, *Denise*, un *Parisien*, *Chamillac*,

M. Scapin, et enfin le drame aux terribles souvenirs: *Thermidor* pendant la première duquel il fit preuve à la Comédie du plus beau courage civique, ennoblissant sa carrière artistique d'un acte qui à lui seul aurait dû suffire à lui mériter le ruban rouge si les gouvernements avaient eux-mêmes du courage.

J'assistais à cette première — ainsi que je le raconté dans la silhouette de Victorien Sardou — et, tandis que les sifflets faisaient rage et que dans son avant-scène Lissagaray se laissait aller aux pires colères, Coquelin avait pris à son personnage sa grandeur naturelle.

Le grand comédien appartient, d'ailleurs, tout le monde le sait à Paris, à une famille où, par habitude, on n'a pas froid aux yeux: je rappellerai seulement ici, pour mémoire, que son frère Coquelin cadet a été décoré de la médaille militaire sur le champ de bataille.

Aujourd'hui directeur de la Porte-Saint-Martin où il a fait les plus nobles tentatives artistiques en attendant un retour impatiemment désiré du public à la Comédie-Française, Constant Coquelin est un heureux qui a eu tous les succès et toutes les joies.

Son fils Jean, dont il a vu chaque jour grandir à ses côtés le merveilleux talent, lui succèdera sans doute dans la direction de la Porte-Saint-Martin.

Souhaitons-lui que la même heureuse étoile qui illumina la carrière de son père le guide à son tour sur le chemin des lettres et de l'art.

Signe particulier: Collectionneur émérite, possède dans son bel appartement de la rue de Presbourg les plus jolies choses du monde, sans compter les décorations de tous les ordres étrangers qu'il a *collectionnés* sans avoir eu la peine de les rechercher.

Autre signe non moins particulier :

Le nez de Cyrano de Bergerac.

PHILIPPE CROZIER

Surnommé l'*Organisateur de la Victoire*.

A, en effet, largement contribué, depuis trois ans qu'il a succédé au comte d'Ormesson, à parachever l'éducation de notre douce Marianne et à préparer ses fiançailles.

Elle venait d'avoir vingt-quatre ans et malgré une solide instruction et « d'immortels principes » elle ne s'était guère encore hasardée dans le monde.

Philippe Crozier fut son maître de ballet, il lui apprit comme on fait la révérence et qu'il est des tons pour dire « Sire » et « Votre Majesté ».

Tant et si bien que lorsqu'elle dut aller au grand pays russe recevoir l'anneau nuptial, Philippe Crozier se déclara satisfait de sa pupille et se contenta de la confier aux mains du très sympathique M. Mollard dont le père, qui était un vieux serviteur de la maison, l'avait connue toute petite.

Tout le monde à Paris, tous ceux qui ont assisté à un bal ou à une réunion honorée de la présence du Président, connaissent M. Crozier et bien qu'il n'ait été représenté que de profil dans le tableau que Detaille a consacré aux funérailles de Pasteur, tous les Parisiens qui visitèrent le Salon au mois de mai le reconnurent.

Grand, la chevelure toute blanche et frisée, la moustache d'un chat angora, le corps sanglé dans son habit brodé, traversé d'un des nombreux grands cordons dont il est titulaire, fort élégant de tenue, de grande distinction dans toute sa personne, affable avec tous dans ses nombreux rapports, recevant sans sourciller, les jours de galas, toutes les supplications du public et les imprécations de la presse, tel est M. Crozier, introducteur des ambassadeurs et directeur du Protocole au ministère des Affaires étrangères.

Chansonné à Montmartre, ce qui est amusant, mais vilipendé le plus souvent par des écrivains qui ne savent ni les difficultés de la tâche ni le tact exquis qu'il est nécessaire qu'un homme y apporte, le Protocole semble à beaucoup une chose démodée. Il est en réalité un rouage essentiel dans tout Etat, plus encore peut-être en République où les rangs sont si mal définis et où les convives ont coutume de se bousculer pour trouver leurs couverts quand ils se mettent à table.

D'une grande intelligence, habile et charmant causeur, diplomate de carrière, M. Crozier est, affirme-t-on, proposé, dans un avenir plus ou moins rapproché, pour une ambassade.

L'importance du poste qu'il a occupé avec une réelle maëstria, son dévouement à la République et la grande élévation de son caractère lui sont autant de titres à cet avancement et nul ne doute qu'il ne représentera dignement son pays auprès de l'étranger.

Seulement, voici : M. Crozier mérite bien une ambassade, tout le monde est d'accord là-dessus, mais, sapristi, pourquoi est-il de la carrière?

En vérité, voilà Monsieur, quelque chose de bien mauvais goût.

Si on le nommait préfet de police?

Alors qu'on a vu un gouvernement choisir un

ancien commandant des brigades centrales pour le
représenter auprès de la Cour la plus aristocratique
d'Europe, serait-il bien étonnant qu'on vît un
galant homme ayant de la tenue, être désigné,
suivant l'axiome de Beaumarchais, pour faire le
coup de poing.

Signe particulier : Redevient le plus simple des
hommes en son appartement de l'avenue d'Antin.

JOSEPH CUVINOT

Le front haut, les yeux jaunes, une barbe agreste
encadrant tout le visage, l'ancien *pipo* qui va
atteindre la soixantaine le 1er juin prochain, est une
des figures les moins banales, à coup sûr, de ce
monde des ingénieurs où l'administrateur ne marche
pas toujours de pair avec le mathématicien.

Chez lui, au contraire, les deux hommes sont
intimement liés l'un à l'autre. Il a passé sa vie à
organiser.

Que ce soit au gouvernement de la Défense nationale, où il fait preuve de tant de sang-froid et de
clairvoyance, au ministère des travaux publics où
il préside pendant deux ans à la direction du personnel avec sagesse et impartialité, que ce soit
enfin à la tête de la Compagnie générale des omnibus de Paris dont il est l'âme, partout ses qualités
administratives le servent à l'égal de son intelligence scientifique.

Sénateur depuis 1879, M. Cuvinot a voté constamment avec le parti républicain, mais c'est dans
l'administration même de la Compagnie des Omnibus qu'il a mis en pratique les principes démocra-
tiques dont il se réclame.

Adoré de son personnel qui est sûr de trouver auprès de lui une justice toute paternelle, il n'est pas jusqu'aux chevaux eux-mêmes qui ne lui doivent la gratitude. Je ne sais qui a dit de Paris : *le paradis des femmes, le purgatoire des hommes, l'enfer des chevaux*.

Le mot n'est plus exact en ce qui concerne la Compagnie des Omnibus, et si les bons percherons qui nous véhiculent à travers Paris pouvaient lire ces lignes, je gage qu'ils agiteraient leurs grandes têtes en signe d'asquiescement.

Très aimé dans l'Oise, dont il est originaire, qu'il représente au Sénat, et où il passe ses loisirs au château d'Agnet, M. Cuvinot a été réélu au mois d'août dernier président du Conseil général.

Signe particulier : circule à pied !

EDOUARD DEBAT-PONSAN

Un indiscipliné et un éclectique. A abordé avec un même bonheur la peinture d'histoire, le portrait — cet autre genre de document historique — et le paysage qui reproduit, lui, les choses éternelles:

« O lacs, rochers muets, grotte, forêt obscure,
« Vous que le temps épargne ou qu'il peut rajeunir ! »

Né a Toulouse — comme tout artiste qui se respecte — en 1847, d'une famille de musiciens. Vint à Paris travailler dans l'atelier de Cabanel dont il subit peut-être trop l'influence au lieu de se laisser entraîner par ses goûts et d'étudier la nature; mais la faute en est plus à l'école qu'à lui-même: comme toutes les écoles, celle des Beaux-Arts a pour principal défaut d'amoindrir l'initiative individuelle.

Premier second grand prix de Rome en 1873, il échoue en 1876 et en 1877, mais l'Institut, reconnaissant à la fois son jeune talent et sa vieille mauvaise chance, lui vote à l'unanimité une pension avec laquelle il voyagera en Italie.

Depuis, c'est, alors, une série de succès ininterrompue :

Le *Premier deuil*, la *Fille de Jephté*, *Saint-Paul devant l'Aréopage* — prière à messieurs les typos de ne pas m'imprimer l'Aéropage ! — et enfin cette merveilleuse toile de *Saint Louis relevant des cadavres pour les ensevelir* qui orne une chapelle latérale de la cathédrale de La Rochelle et devant laquelle je suis resté, si souvent, en contemplation aux heures heureuses où j'habitais la coquette et si moyenâgeuse cité.

Tranchant sur un ciel où le vol des corbeaux met de multiples taches noires, revêtu de son armure d'argent, le noble roi de France a pris dans ses bras le corps d'un pestiféré et s'apprête à lui rendre les derniers devoirs. Admirable synthèse de cette charité chrétienne qui veut que le plus humble soit servi par le plus puissant.

Les compagnons du roi s'enlèvent vigoureusement, en leurs étincelants costumes, sur le décor de l'admirable toile qui restera une des œuvres maîtresses de Debat-Ponsan.

Citerai-je ici tous les hommes célèbres qu'il a portraicturés : MM. Camescasse, Pouyer-Quertier, Paul de Cassagnac, Gailhard et les deux célèbres adversaires dont les noms ont tant de fois rempli les gazettes de mon doux pays... Constans et Boulanger !

Ce dernier portrait, envoyé par l'artiste à l'Ex-

4

position Universelle, fut retiré par ordre supérieur.

Etrange chose que la destinée humaine! Ne semble-t-il pas que voilà une anecdote qui date d'un siècle!

Puis vint une série de tableaux de la campagne qui restera, sans aucun doute, la note la plus personnelle du célèbre artiste.

Fils d'une patrie qui a donné aux arts les noms les plus illustres, il appartenait à Debat-Ponsan de la célébrer par son pinceau.

La *Couronne de Toulouse* et la *Visite au sculpteur* que les Parisiens ont pu admirer aux derniers Salons ornent l'Hôtel de Ville de la gracieuse cité. J'ai dit que Debat-Ponsan était un indiscipliné. Son refus de la médaille qui lui avait été décernée à l'Exposition universelle en est une preuve, mais il n'est resté au fond de l'âme du noble artisan aucune amertume.

Dans la sphère élevée où plane son libre et **indé**pendant idéal, les petites tracasseries des coteries paraissent bien mesquines et bien méprisables.

C'est le privilège des esprits supérieurs de s'en détacher, ce qui leur permet de dire avec Debat-Ponsan lui-même *qu'un artiste ne doit attendre de l'art d'autres récompenses que le plaisir et la jouissance intime qu'il procure à ses fervents.*

ERNEST DENORMANDIE

Né Chaussée-d'Antin le 6 août 1821, ce Parisien a occupé dans Paris les plus hautes situations.

Il débute dans la basoche, apprend la chicane... pardon la procédure — ce qui est encore la meilleure préparatio à la pratique des affaires et devient président de la Chambre des avoués de Paris.

Combat l'empire, en vrai libéral qu'il est resté depuis et s'oppose à la guerre.

En 1870, il remplit les fonctions d'adjoint au maire de Paris, est décoré de la Légion d'honneur, puis le 2 juillet 1871, le département de la Seine l'envoie siéger à l'Assemblée nationale à côté du *Libérateur du territoire.*

En 1875, il devient sénateur inamovible et depuis il n'a cessé de se faire remarquer dans la haute Assemblée par l'énergie qu'il apporte dans l'expression de ses convictions et par une indépendance de caractère qui, bien que confinant parfois à la brusquerie, n'a pas cessé de plaire aux hommes de bon sens.

Libéral, il ne put admettre l'art. 7 de la loi de l'enseignement supérieur présentée par Jules Ferry et se rangeant avec un petit nombre de vieux *libertaires* (le mot n'était pas encore inventé) derrière l'universitaire Jules Simon, refusa au ministère les armes qu'il demandait contre l'enseignement libre.

Il était alors gouverneur de la Banque de France, c'est-à-dire le chef de la plus grande institution de crédit du monde.

Préférant la fidélité à ses croyances, à la plus magnifique des prébendes, il donna sa démission.

Depuis, M. Ernest Denormandie s'est livré tout entier aux études économiques et financières qui avaient été, de tout temps, son attraction favorite.

Président du Conseil d'administration du *Comptoir national d'Escompte,* il a, par sa ténacité, son esprit si pratique et sa grande connaissance des affaires, fait du grand établissement de la rue Rougemont un des rouages les plus merveilleux de ce

crédit public qui, suivant la belle expression de
M. Rouvier, a été l'*admirable instrument de la li-
bération de la patrie.*

Simple et affable, fuyant le bruit et les agitations
de la vie publique, l'honorable sénateur est une
des figures les plus simples mais aussi des plus es-
timées du monde parisien.

Signe particulier : Collectionneur émérite a fait
du château des Boisseaux une des demeures les
plus artistiques de France.

PAUL DÉROULÈDE

« *Un homme s'est rencontré d'une profondeur
d'habits incroyable, patriote emballé autant que
naïf politique, capable de tout interpeller et de
tout casser.* »

« *Que ne peuvent de tels hommes lorsqu'il plaît
à Dieu de nous les servir?* »

(Bossuet : Extrait (inconnu de M. Brunetière) de
l'Oraison funèbre d'Henriette d'Angleterre.)

Paul Déroulède, que mes lecteurs eussent certainement reconnu dans ces lignes si déjà son nom ne
s'était trouvé en tête de l'article et dont la longue
redingote fut longtemps familière aux Parisiens
amateurs des manifestations de la rue, est bien le
plus singulier mélange de bravoure irréfléchie,
d'ambition fougueuse et de naïve bonne foi qui se
puisse rencontrer dans une âme française.

Soldat héroïque, poète consolateur aux heures
de détresse où ses vers, frappés au bon coin du
patriotisme, contribuèrent à relever les courages
abattus, citoyen honnête parmi les plus probes,
il s'était attiré les sympathies du pays en général et

de la jeunesse en particulier, quand l'ambition qu'il nourrissait, depuis longtemps, de jouer un grand rôle, après lui avoir fait prendre en haine les politiciens qui lui barraient la route, le fit se perdre au plus profond de la mêlée boulangiste.

A l'heure où le célèbre général devenait le chef et le porte-parole de tous les mécontents, Déroulède entra à la Chambre sous les auspices du Comité National.

Et ce fut alors, Messeigneurs, un beau spectacle :

Tel un jeune chien lâché au travers d'un jardin s'élance en une course folle au milieu des parterres et des plates-bandes, foulant toutes les plantes, brisant par-ci, déracinant par-là, levant la patte à tous les troncs d'arbre : tel le nouveau venu entra au Palais-Bourbon.

Terreur du président, effroi de ses voisins, renversant les lunettes de Laisant, marchant sur Millevoye, fourrant ses doigts dans le nez de Laguerre, incapable de rester assis à son rang, il a fini par s'enfuir, la tête dans les mains, à la suite de la bouffonne aventure des papiers Norton, sans que sa présence au Parlement ait été signalée par autre chose qu'un vaste et ininterrompu boucan dont le point tintamarresque culminant paraît avoir été son interpellation à M. Clemenceau.

L'homme de lettres, toutefois, vaut mieux que l'homme public. Neveu du père du *Gendre de M. Poirier*, père lui-même des *Chants du soldat*, de ceux *du Paysan*, et de *Monsieur Duguesclin*, messire Déroulède est, au demeurant, un sincère dans ses productions littéraires autant que dans ses frasques politiques, et il lui sera beaucoup pardonné parce qu'il a beaucoup aimé.

Aujourd'hui retiré au fond de la Charente, dans

4.

ses vignes de Langely, maudissant les parlementaires et la politique, l'ancien président de la Ligue des Patriotes y reçoit ses amis avec cette adorable bonne humeur qui lui a conservé de si vives sympathies, même au milieu des polémiques les plus acharnées.

Puissent ceux qui l'entourent lui conseiller désormais de se consacrer aux Lettres, qui lui doivent déjà des pages charmantes et délicates et qui seront une sûre consolation pour son âme tourmentée. (1)

Il est si doux de rentrer au port, loin de vents et de la tempête :

Suave mari magno, turbentibus æquora ventis.....

Relisez ces vers-là, Déroulède ! Puis quand sonnera l'heure solennelle, l'heure de cette justice immanente qui, au dire de Gambetta, doit se rencontrer dans la vie des peuples, alors, ô poète, quittant votre manoir et vos vignes, vous vous souviendrez de l'inscription que vous avez fait placer dans votre chambre, au-dessus de la carte du grand état-major allemand : *Memento quia miles es et in mililem reverteris.*

C'est la grâce que je vous souhaite !

Signes particuliers : 1° Auteur de « *La mort de Déroulède* », par le général Hoche.

2° N'a pu obtenir de « *La plus belle fille du monde* » ce qu'elle n'avait pas.

CHARLES DESPEAUX

L'un des directeurs de la célèbre distillerie de

---

(1) Quand ce volume se composait Messire Déroulède, décidément incorrigible, se faisait élire député de la Charente.

pétrole *Fenaille et Despeaux* et l'un de ses plus anciens collaborateurs.

Au physique : de taille moyenne, portant crânement ses soixante-dix ans que révèle seule la blancheur d'une barbe olympienne, de grande distinction dans toute sa personne, l'œil vif et clair, la parole brève, tempérée quelquefois par un sourire, l'aspect un peu brusque, cachant un grand fond de bienveillance tel est Charles Despeaux.

Au moral : très énergique, d'une merveilleuse intelligence, doué par excellence du génie inventif. Charles Despeaux est l'auteur d'une des premières chaudières adoptées pour distiller le pétrole.

La bonté même sous un aspect un peu sévère, paternel et juste envers les employés, il caractériserait assez le type du bourru bienfaisant si la distinction de ses manières et sa parfaite galanterie ne venaient adoucir un peu l'énergie du caractère.

Ce n'est pas une carrière banale que la sienne : Né à Méru, dans l'Oise, en 1828, Charles Despeaux était le fils d'un capitaine d'infanterie, qui quitta le service pour rentrer dans la grande industrie.

Très intelligent et très industrieux, le jeune Despeaux voulait devenir ébéniste et fit l'apprentissage de ce métier que vinrent interrompre sept ans de service militaire.

Il quitta les drapeaux avec les galons de sergent-major et entra quelque temps plus tard dans la maison de MM. de Chatillon et Montauriol, ses parents qui étaient alors fabricants de graisse à voitures à Aubervillers en qualité de directeur de l'usine.

Un jour, les patrons firent part à Despeaux de l'idée qu'ils avaient de distiller le pétrole.

Le jeune directeur dressa en quelques jours les plans d'une chaudière, mais à la première expérience, les ouvriers rendus craintifs par les dangers d'explosion se refusaient à l'aider. Charles Despeaux, pour leur montrer combien leur craintes étaient vaines, resta toute la journée monté sur la chaudière.

C'est bien là un trait caractéristique de l'homme que je silhouette, dont tout le tempérament est fait de bravoure.

A dater de ce jour, MM. de Chatillon et Montauriol intéressèrent Despeaux dans les affaires et, vers 1868, la maison devint maison de Chatillon, Fenaille et Despeaux.

Dix ans après, en 1878, l'association devint Fenaille et Despeaux seuls.

Elle ne pouvait que prospérer. M. Fenaille père, homme de grande valeur lui aussi et Charles Despeaux étaient liés par une véritable amitié.

Pendant toute leur association, M. Despeaux s'occupa spécialement des améliorations à apporter dans la fabrication du pétrole et des essences, et de concert avec Fenaille, donna à la maison l'extension que l'on connaît.

En 1885, à la mort de Fenaille, son fils reprit dans l'association, la place du père et la raison sociale est restée la même.

Des usines se sont montrées à Quevilly près de Rouen, à Règles-les-Bordeaux, à New-York, et la notoriété de l'établissement est devenue aujourd'hui universelle.

Membre de la chambre syndicale des produits chimiques, membre du cercle artistique et littéraire, M. Despeaux s'est acquis d'unanimes sympathies dans la société parisienne.

Recevant ses amis en sa belle propriété de Chatou, dont Mme Despeaux fait les honneurs avec la plus exquise bonne grâce, aimé de tous pour la loyauté de son caractère, M. Despeaux méritait à tous égards de prendre place dans cette série.

ÉDOUARD DETAILLE

Entré jeune dans la gloire, Edouard Detaille est une des figures les plus radieuses de la phalange artistique.

Ceux de nos Parisiens qui ne le connaissent point personnellement le connaissent, peut-on dire, à travers un rêve, car son grand, son immortel *Rêve*, exposé au Luxembourg, popularisé par la gravure, repopularisé par la peinture qui au dernier Salon nous l'a montré objet de l'attention de l'enfant et du vieux soldat, l'a plus que toute autre toile haussé dans l'affection populaire.

Vers l'aube naissant en cette heure matinale qui donne aux choses des contours imprécis, tout dort au camp français à l'exception de la sentinelle qui monte la faction près du drapeau roulé dans sa gaîne, exposé sur des faisceaux de fusils.

Officiers et soldats reposent enveloppés dans leurs capotes, entourant de leurs corps alignés à terre l'objet sacré de leur dévouement, mais voilà que par une sorte de pénétration mystique ce drapeau couché au-dessus de leurs têtes s'est tout à coup déployé en un rêve de gloire, et ce n'est plus lui seul qu'ils ont vu, c'est la glorieuse phalange des étendards vainqueurs depuis que la France existe, depuis le drapeau fleurdelisé de Rocroy, jusqu'au drapeau tricolore de Valmy et de Jemmapes.

C'est la patrie qui passe et sous la forme de ses drapeaux déchiquetés flottant au vent, c'est toujours la même France immuable en son courage, celle qui rachète, à Denain, les désastres de Ramillies et de Malplaquet, qui rachètera, en l'avenir prochain, les fautes des années dernières.

A côté du « Rêve », l'administration du Luxembourg a placé la « Sortie de Huningue », un autre chef-d'œuvre, éclatant, celui-là, de lumière et de coloris et que je n'ai jamais pu regarder sans qu'un sacré petit tapin du premier plan m'ait forcé de pleurer comme une bête.

On n'attend pas de moi, en ces courtes silhouettes, l'analyse des œuvres du maître ni l'historique d'une carrière si superbement remplie.

Notons seulement pour ordre : « Un coin d'atelier » (de l'atelier de Meissonnier) (1867). « La Halte des tambours » (1868). « Les Vainqueurs » (1872). « En retraite » (1873). « En reconnaissance » (1876). « Salut aux blessés » (1877), si répandu par la gravure.

« Inauguration du grand Opéra » aquarelle aux teintes de grisailles, également au Luxembourg, et où s'aperçoit, dès le premier palier, la barbe marmoréenne du maître de Detaille, du grand et regretté Meissonnier.

Citons toujours : « Bonaparte en Egypte » (1878). « La Défense de Champigny » (1879). « La distribution des Drapeaux » (1881). « Le soir de Rezonville » (1884). Le « Rêve » déjà cité (1888) et « Les victimes du Devoir », admirable toile qui n'a pas peu contribué à la popularité de l'auteur et où se remarque un admirable portrait de M. Poubelle saluant noblement un sergent de pompier qu'on emporte inanimé du lieu de l'incendie.

Enfin, les « Funérailles de Pasteur » dont j'ai eu l'occasion de parler dans mon Salon de cette année et qui a été acheté par l'Etat.

Quant aux portraits, ils sont peu nombreux, citons cependant celui du prince de Galles, à cheval, accompagné du duc de Connaught, dont les rouges tuniques se détachent sur la ramure verte d'un cèdre.

Grand, mince, élégant, l'œil fouilleur, une fine moustache soulignant un visage de soldat, sous la tenue d'un officier en pékin, tel est Edouard Detaille. Soldat il l'est en effet dans l'âme et nul n'a professé plus d'amour pour le métier. L'infatigable zèle qu'il a déployé à organiser récemment le musée de l'armée en serait, s'il était besoin une preuve entre mille.

Homme du monde, charmeur, causeur intéressant, camarade affectionné de tous ses camarades, le jeune maître au cou duquel le gouvernement de la République a attaché, ces temps derniers, la cravate de la Légion d'honneur peut être cité en exemple comme un modèle d'énergie dans le travail et de haute noblesse dans une vie sur l'horizon de laquelle se détachent toujours, comme en son *Rêve*, les trois couleurs préférées de son pinceau.

Dernier détail : possesseur de la plus admirable collection d'armes usitées dans ce siècle, et bien qu'à l'abri de toute attaque, a fait orner l'entrée de son atelier de mortiers et de caissons d'artillerie.

GUILLAUME DUBUFE

Peintre et poète de la Vierge. — Mystique et délicieux évocateur de la pure légende chrétienne, a, en d'admirables pages toutes rayonnantes de foi, célébré la vie de la mère du Christ.

Fils et petit-fils d'artistes ayant conquis la gloire par les œuvres les plus consciencieuses, Guillaume Dubufe appartient avant tout à l'école des sincères et des enthousiastes.

Un des plus zélés organisateurs du Salon du Champs-de-Mars où l'année dernière encore, on pouvait contempler la plus importante de ses œuvres, cette *Vie de la Vierge*, dont la page capitale figure, depuis quelques jours, au musée du Luxembourg.

Au-dessus des montagnes de la Judée, par delà les nuages sur les pieds desquels se découpent les terrasses et les dômes de la ville sainte, en une fraîche aquarelle dont les transparences donnent un ton de cantique à cette sentimentale peinture entourée des anges, au bleu regard voilé, se dresse, blonde et gracile, l'image de la mère de Dieu — *Mater Dei* — telle que le croyant l'a vue en son rêve azuré, jeune fille malgré sa maternité, ayant gardé toute la gaucherie qui convient à la pudeur dans ce geste timide et charmant d'une pucelle tenant debout, dans une seule main, l'enfant divin au regard aussi pur et aussi doux qu'elle — ayant comme peur d'y toucher.

Qu'elle est jolie cette frêle silhouette de femme, et comme il semble qu'une paix de chapelle dort autour d'elle !

Comme pour mieux accentuer le lyrisme de sa composition, l'artiste quittant pour un instant le pinceau de l'aquarelliste a placé au pied les vers suivants, qu'il intitule Prière :

Ora pro pictore.

Je t'ai peinte en ta gloire et ta divinité,
Fleur mystique ! Beau lys éclos au cœur du monde,
Vierge ! ô symbole pur de la grâce féconde,
Telle que je t'ai vue en mon rêve enchanté.

J'ai, pour te faire belle, aux anges, emprunté
Leur voile fin, avec leur tendresse profonde ;
Et leur robe sacrée, et l'auréole ronde,
Que portent ces divins gardiens de ta beauté.

Si mon nom près de toi, passe dans un bruit d'aile,
O Vierge ! tu prieras pour l'artiste fidèle
Qui, faisant son amour de sa croyance en toi,

Heureux, osa te peindre en ces humbles images
Et d'une main pieuse. ornant l'azur des pages,
Y mit l'or et les lys, et son rêve et sa foi !

Passant du sacré au profane, Guillaume Dubufe expose cette année au Champs-de-Mars, dont il est le fidèle et infatigable champion, les aquarelles destinées à l'illustration de l'œuvre colossale d'Augier. *Sapho*, la *Ciguë*, et la plupart des œuvres du maître regretté sont là, célébrées avec le talent le plus original et la maîtrise la plus parfaite qui se soient de longtemps révélés.

Estimé de ses émules et de ses rivaux, affable et hospitalier dans sa belle demeure de l'avenue de Villiers, construite avec grâce, ornée avec le goût le plus délicat, le jeune peintre que le gouvernement de la République a fait chevalier de la Légion d'honneur, à un âge où, d'ordinaire, cette distinction n'est point prodiguée, continue les traditions de haute probité artistique qui lui ont été léguées par les siens.

Et tandis que je contemple un portrait de son grand-père, peint par David, une voix un peu blanche, presque timide, me fait connaître que le chef-d'œuvre sera offert au Louvre.

Un tableau voisin, plus moderne celui-là, portraits de charmantes fillettes, m'en explique la raison : le jeune artiste a une nombreuse famille et il tient à ce que, dans des temps que tous ses amis souhaitent lointains, le marteau du commissaire-priseur ne disperse pas au gré de son caprice le pieux souvenir ancestral.

Doux et obligeant, portant avec dignité un nom cher aux amis des arts, Guillaume Dubufe est une physionomies des plus sympathiques et des plus charmantes de cette pléiade d'hommes au talent original et sincère qui se sont groupés autour des Puvis de Chavannes, des Dagnan-Bouveret et des Beraud.

Signe particulier : Rédacteur à la *Revue des Deux-Mondes*.

Armoiries : Deux D entrelacés sur fond d'azur.

GEORGES DUFAYEL

Un laborieux, et malgré que son nom étincelle sur nombre de réclames multicolores, un modeste qui a vu venir le ruban rouge avec plaisir, peut-être comme tout Français qui a travaillé, mais sans forfanterie.

Car, chose curieuse, l'industriel qui s'est acquis tant de sympathies populaires qui a pris avec tant de succès la maison Crespin et l'a si superbement magnifiée, dans un établissement au dôme étincelant, et qu'on pourrait croire un tantinet orgueilleux de son œuvre, celui-là même qui entend si merveilleusement la publicité lorsqu'il s'agit de ses multiples entreprises, est dans sa vie privée ennemi de toute réclame et pousse la haine du panache jusqu'à l'exagération.

De taille moyenne, la figure énergique, l'œil

vif et incessamment en mouvement, actif et crépitant comme un feu de bois sec, la parole brève, l'aspect général un peu dur, si un sourire venant souvent éclairer le visage ne dénonçait chez le chef d'industrie un grand fond de bienveillance, tel est au physique Georges Dufayel.

Au moral, très sûr dans ses amitiés, la parole loyale comme une épée, allant droit aux obstacles avec la netteté d'une volonté énergique et la décision d'un homme rompu aux affaires loyales, le directeur des magasins du boulevard Barbès s'est acquis parmi ses confrères et dans tous les rangs de la société parisienne de réelles sympathies.

Attiré par ses goûts vers le commerce, il s'y est donné tout entier et fort jeune.

Il y apportait avec une solide instruction, de grandes qualités d'intelligence et de caractère, et une rare indépendance d'esprit et de goût.

Aussi est-ce avec empressement que tous ceux qui ont été témoins de ses efforts et des services qu'il a rendus, non seulement à la classe laborieuse mais à la totalité du public français, ont applaudi à la distinction qui vient de lui être conférée.

LOUIS EMDEN

Le plus modeste et aussi bien certainement l'un des plus habiles parmi les financiers parisiens.

Quarante ans, de taille moyenne, visage ovale, barbe châtain courte, yeux vifs, perçants et reflétant l'intelligence ; toujours mis avec élégance, sans recherche, correct en tout, il acquiert de suite les sympathies de qui l'approche.

Bien que jeune, Louis Emden est l'un des plus

anciens de la Bourse où depuis 25 années il travaille chaque jour, entouré de l'estime de ses collègues. Sa maison est indemne des diverses crises que la Bourse a subies car son chef a la perspicacité et la prévoyance, qui sont des qualités indispensables à l'homme de finance.

Admirablement secondé par son très fidèle lieutenant Hermann Melha qui lui a consacré tout son dévouement, Louis Emden a vite conquis une place prépondérante à Paris parmi les personnalités les plus franchement sympathiques du péristyle.

Aussi est-il consulté chaque fois qu'une grande opération financière se prépare, car son jugement est sûr et son expérience des affaires légendaire.

Affable, avenant, affectueux aux humbles, homme du monde, allié à l'une des familles les plus considérables de la haute Banque, Emden qui vit au milieu des siens, a à son actif toute une carrière de probité et d'honneur, ce qui n'a pas peu contribué à lui procurer les hautes relations qu'il possède.

Signe particulier : se délasse des soucis du métier dans la fréquentation de l'art et des artistes, avec lesquels on peut le voir parfois faire de longues promenades en automobile.

MICHEL EPHRUSSI

D'origine russe ; porte, tant dans sa manière d'être que dans toute sa personne, l'empreinte indélébile de cette affabilité et de cette franchise qui ont rendu le caractère moscovite si séduisant et si particulièrement sympathique au caractère français.

Plutôt froid et réservé, de taille moyenne, sans

maigreur ni corpulence, se distinguant, chose si
rare devenue, par une extrême simplicité de tenue
et de langage qui ne fait qu'ajouter à l'autorité de
son grand nom et de sa proverbiale loyauté, Michel
Ephrussi, qu'il ne faut pas confondre avec son
frère Maurice, gendre du baron de Rothschild,
caractérise parfaitement à mes yeux le type accompli
du financier sérieux, sincère, dont l'habileté consommée a pour corollaire la probité la plus scrupuleuse et la plus parfaite.

De l'homme privé, que dirais-je? Bien que la
masse soit en général friande de détails sur ceux
qui détiennent, de l'aveu de tous, le record de la
fortune, le chroniqueur perd ici tous ses droits.

D'une simplicité d'existence qui n'a d'égale que
celle de sa tenue, soignée mais simple, évitant
l'éclat et tout ce qui peut prêter à la moindre critique, M. Michel Ephrussi, dont la sobriété ne
pourrait trouver d'équivalent que dans l'antique
société pythagoricienne, a été pendant un assez
long temps un des rois du sport comme il est
demeuré un des princes de la finance.

Aimant tout ce qui charme et entraîne dans ce
passionnant sport, il avait su faire de ses écuries
hippiques, qu'il a revendues il y a quelque temps,
les premières du monde. Tous ont encore présentes
à l'esprit les éclatantes victoires de *Plaisanterie*,
de la noble et fougueuse *Bavarde* et de *Brisolier*,
le poulain fringant, qui firent triompher avec un
tel éclat, tant sur le turf anglais que sur nos hippo-
dromes, la casaque bleu foncé, toque *idem*, du
plus distingué de nos sportsmen.

Au point de vue financier, la carrière de M. Michel
Ephrussi est une des plus brillantes qu'il nous soit
donné de décrire.

Il a, comme banquier, participé aux émissions de la Rente Portugaise et des Tabacs Portugais, et le Gouvernement de ce pays a trouvé en lui le collaborateur le plus dévoué.

D'une vive intelligence, sachant embrasser d'un coup d'œil les problèmes soumis à sa haute expérience, de parole sûre, on peut le voir, les jours de grande lutte, entouré à la Bourse de trente à quarante coulissiers et agents de change, et non les premiers venus.

Excellé dans le stellage à Paris, et dans le CALL ou le PUT AND CALL à Londres.

Sait être généreux et large de vues : sait même, chose qui n'est point dans le domaine commun, consacrer quelques millions rien que dans la prise d'une fiche présentée par un intermédiaire.

Pour nous résumer : un des hommes les plus puissants et les plus heureux de ce monde si... le malheur n'avait laissé une emprunte difficile à effacer dans ce cœur délicat : la perte d'une enfant qu'il adorait et qui lui a été ravie à la fleur de l'âge.

N'en compatit pas moins au malheur des autres, et par une générosité à toute épreuve a su se faire, suivant la belle expression d'Hugo, des richesses pour le règne futur (1).

FABRE DES ESSARTS

Hier pendant qu'ils jetaient des confetti sur tout et sur tous — ils en ont jeté sur un corbillard qui

(1) A l'occasion de ce portrait, une polémique s'étant engagée entre M. Raphaël Viau, rédacteur à la *Libre Parole*, et l'auteur, une rencontre à l'épée eut lieu entre eux, au plateau de Châtillon, le 2 décembre 1895 (Voir la *Libre Parole* du 3 décembre 1895.)

passait! — je me suis enfermé en mon *somptueux* appartement de la rue Rochechouart et j'ai, pour me distraire, évoqué les esprits.

C'est la grande mode cette année; on les évoque partout. Comme l'a dit Carré, le siècle marche et les tables tournent.

Après avoir tâtonné quelque peu pour retrouver son numéro, je fus mis en communication avec Verlaine.

« Maître immortel, lui dis-je, Sardou vous a-t-il
« donné communication des vers dans lesquels
« Fabre des Essarts vous réclame une *Dette*
« *impayée* et vous demande, en revanche, d'inter-
« céder pour lui dans l'éternel Milieu? »

Dette impayée, mes lecteurs le savent, est une des choses jolies parmi les plus jolies que des Essarts a écrites et où il parle de Verlaine avec une sincère émotion.

Après avoir rappelé qu'un soir de dèche colossale Verlaine lui avait emprunté pour sa pipe d'un sou une pincée de tabac, des Essarts lui dit :

Je sais bien que la vie est faite de sanglots;
Que plus on a pâti, plus de mystique arôme
Enivre nos esprits, quand le jour est éclos
Où s'ouvre devant nous les secrets du Plérôme;
Je sais bien que la vie est faite de sanglots.

Mais je sais bien aussi ce que vaut une goutte
D'espérance donnée aux vaincus d'ici-bas,
Et que sans ce dictame où la force tient toute
Les plus forts trembleraient aux affres des combats.
Lazare, de là-haut verse-moi cette goutte!

Le guéridon ayant pris alors, un air grave, j'entendis ces mots :

« Les Champs-Elysées, sache-le, ô Jungle, sont

« réservés à ceux qui ayant beaucoup souffert
« auront compati aux souffrances des autres.

« Loin que l'adversité ait aigri son âme, elle a
« donné à Fabre des Essarts l'admirable privilège
« de comprendre toutes les douleurs humaines et
« semblables aux plus grands parmi les poètes il
« les a chantées sur son luth.

« C'est à lui que pourraient s'appliquer les vers
de Musset :

« Vous aviez lu *Lara, Manfred et le Corsaire,* »
« Et vous aviez écrit sans essuyer vos pleurs;
« Le souffle de Byron vous soulevait de terre
« Et vous alliez à lui porté par vos douleurs. »

« De tels hommes méritent le respect non-seule-
« ment pour leur talent mais surtout pour l'usage
« qu'ils en font. »
Et la voix se tut.

Fabre des Essarts (Léonce-Eugène), est né dans
Aouste (Drôme), le 19 mars 1848.

A fait ses études partie à Autun où son père était
percepteur, partie à Pontlevoy, dans cet admirable
département de Loir-et-Cher peuplé de merveilles
artistiques.

Piqué de la tarentule poétique dès l'âge de quinze
ans, où il compose ses plus jolis vers.

Très mystique, aimant les pompes du culte
catholique; sentimental et esthète, s'est laissé porter sans réticences vers le socialisme de l'Eglise
primitive.

Un des rénovateurs du christianisme primitif,
mais du christianisme scientifique; le salut par la
science, non par la foi : *Théosis.*

Nommé par ses disciples Primat d'Albijois,
évêque de Monségur, il signe ses plus charmantes

et ses plus cordiales lettres d'un sceau : « *Laus sancto pleromati* » qui détonne peut-être au milieu de notre scepticisme parisien mais qui correspond chez lui à un concept réel de restauration religieuse.

Dire ici la vie publique de Fabre des Essarts serait inutile : tous mes lecteurs connaissent cette existence d'indépendant et de « sauvage » politique.

Tour à tour avec les républicains lorsqu'il s'agit de conquérir une liberté nouvelle et avec l'opposition quand elle dénonce les forfaitures et les agiotages de certains parlementaires, il est obligé de donner sa démission de rédacteur à l'Instruction publique à la suite de la publication des *Dessous de l'affaire Numa Gilly.*

Ancien secrétaire d'Andrieux; adversaire de Lockroy qu'il n'a pas ménagé lorsque celui-ci laissa vendre la maison de Victor Hugo, pour lequel il professait un véritable culte et dont il était un des très intimes.

Humanité poésies imprimées chez Lemerre, *Dupleix* et *l'Inde française, La Chanson des couleurs* et *Pour tous les âges*, recueil de nouvelles piquantes et spirituelles sont, au résumé, l'œuvre de Fabre des Essarts.

Il y a quelques années une terrible épreuve était réservée à cet homme de cœur : il perdait un fils qu'il adorait et le père est demeuré depuis absolument inconsolable.

Je l'ai connu à la *Revue moderne* en compagnie de quelques hommes de talent tels que Paul Pionis, Albert Delacour et Marcel Thivollet, qui auraient voulu soutenir la réputation du vieux journal dont la direction hélas! tombée de Charyde en Scylla était alors aux mains de cet emplâtre de Manin auquel son accoutrement physique et moral

5.

donnait davantage l'aspect d'un *compère* que d'un *directeur* de Revue.

Nous ne nous sommes pas rencontrés depuis, mais j'ai gardé sa silhouette dans ma mémoire.

Imaginez le Christ de Munkascy auquel vous ajouteriez des lunettes, sur les vêtement duquel Marie-Madeleine aurait versé ses parfums les plus suaves et qui, malgré le geste bénisseur, trouverait moyen de griller, de temps à autre, une cigarette et vous aurez une idée assez exacte de mon charmant confrère.

Poète, conférencier, publiciste, conteur, Fabre des Essarts possède dans le monde parisien — et dans tous les partis — des sympathies sincères venues, sans détour, à ce cœur de Samaritain qui, dans l'impuissance où il est dé guérir sa blessure, s'est appliqué à épandre sur celles de ses semblables l'huile et les vins odorants de la Mésopothamie.

ÉMILE FAGUET

Critique dramatique au *Journal des Débats*, fils d'universitaire, universitaire lui-même, quoique indiscipliné.

Classique, certes ; vous ne voudriez pas que le normalien, aujourd'hui professeur de « poésie française » en Sorbonne, et qui a passé sa vie dans le commerce des auteurs des XVIe XVIIe et XVIIIe siècles, fût un décadent? Si les esthètes ne lui ont pas encore décoché les mille épigrammes qu'a values à son maître et ami M. Brunetière son admiration pour Bossuet, c'est qu'il se dégage de la vie et de la manière d'être de ce modeste un grand sentiment de sympathie, auquel n'arrivent pas à se soustraire ses adversaires littéraires ou artistiques.

A fait preuve, d'ailleurs, d'une impartiale et presque amicale curiosité, en présence des tentatives du Théâtre-Libre, et je me souviens qu'aux heures où Antoine, encore insoucieux de l'Odéon, recevait avec stoïcisme la pluie des malédictions de la vertu bourgeoise outragée, il se plaisait à rendre publiquement justice à son intelligent et perspicace adversaire.

Saura apporter, n'en doutez pas, la même impartialité et le même esprit de sélection dans ses nouvelles fonctions de critique dramatique, dans ce poste si particulièrement envié, où le portèrent l'amitié de Jules Lemaître, son prédécesseur même, et les suffrages de ses rivaux.

De taille moyenne, brun, les yeux souriants, avec, dans les gestes, une bonhomie que l'on pourrait croire affectée tant elle est grande, pas poseur pour un brin, Emile Faguet est né à La-Roche-sur-Yon, le 17 décembre 1847.

Elevé à Poitiers, qui le revendique à juste titre comme un de ses enfants, avec deux sœurs dont la grâce et la bonté illuminaient la maison paternelle, le confrère éminent dont j'essaie de retracer ici la silhouette, est le fils d'un professeur de seconde au lycée de Poitiers, qui a laissé entre autres ouvrages estimés une traduction de Sophocle en vers, considérée comme la meilleure qui existe.

Elève de « Massin » de 1864 à 1867, Faguet y eut pour camarades Pallain, le très distingué directeur général des douanes, Debidour, inspecteur général de l'instruction publique; Léon Bourgeois, ancien président du Conseil, et d'autres que j'oublie.

Exclu de l'Ecole Normale en 1868 avec Debidour

et d'autres, pour rebellion contre l'administration de l'Ecole, dont l'ineptie et le caporalisme, à cette époque, ne laissaient rien à désirer, Faguet, le révolutionnaire Faguet, devient professeur, et enseigne à Moulins, Clermont, Poitiers, Bordeaux, mais ce n'est qu'à Paris qu'il entre dans le journalisme.

A partir de cette étape, nous le voyons en effet collaborer à l'*Evénement*, à l'*Echo de Paris*, à la *France — quantum mutata!* — au *Soleil*, aux *Débats*, puis aux *Revues*.

Sur un livre de lui que Brunetière a lu, les portes de la *Revue des Deux-Mondes* lui sont ouvertes toutes grandes, et depuis lors la *Revue de Paris*, la *Revue Bleue* et *Cosmopolis* se disputent ses articles.

Son style clair, précis et élégant, a la limpidité qui caractérise notre belle langue et reste sa qualité dominante. Au contact des classiques et de leurs œuvres monumentales, tout s'épure et s'élève, les mots comme l'idée revêtent une netteté et une grandeur qui s'imposent aux esprits les plus prévenus.

On aura beau dire, et je reste en cela de l'avis que Maupassant a si magistralement exprimé, l'esprit français a besoin de clarté et a horreur du galimatias. Créons des néologismes si l'on veut, à condition qu'ils ne soient pas trop barbares, mais restons fidèles avant tout à la langue de Bossuet, de Corneille et de La Bruyère.

Tant de noble courage déployé à défendre

... « cette langue chérie,
« Qui mieux qu'un étendard résume la patrie, »

ne saurait rester sans récompense. Emile Faguet

la trouvera dans le siège qui lui sera réservé à l'Académie Française le jour prochain où, d'accord avec ses admirateurs et ses maîtres, il posera sa candidature.

Ce jour-là les belles-lettres et l'Art, dans sa conception la plus haute et la plus saine, compteront un défenseur de plus.

Signe particulier: Célibataire endurci, habite un cloître en plein Paris et l'été se promène sur la plage de Châtel-Aillon en compagnie de ses sœurs et de MM. Guizot, Bonald, etc.

FÉLIX FAURE

« Celui qui règne dans les Champs-Élysées et
« de qui dépendent tous les emplois, à qui appar-
« tiennent le grand cordon rouge, le monocle et les
« guêtres blanches, est aussi le seul qui puisse se
« flatter de faire la loi aux parlementaires et de
« leur donner, quand il lui plaît, de grandes et de
« douces leçons.

« Soit qu'il les élève jusqu'au maroquin minis-
« tériel, soit qu'il laisse leurs ambitions tomber à
« plat, il leur montre que leur puissance n'est
« qu'empruntée à celle du peuple et que, pour
« avoir été ses électeurs au Congrès de Versailles,
« ils n'en sont pas moins sous son autorité et sous
« sa coupe suprêmes.

« *Et nunc intelligite*, ministrables ! *Erudimini*,
« vous qui, en dînant chez Voisin, vous adjugez
« les ministères ! »

Recevant avec cette simplicité qui est la vraie marque distinctive dans un monde où on la pratique assez peu, de haute taille, les yeux bleus très doux, les cheveux blancs, M. Félix Faure, dont des plumes plus autorisées diront mieux les vertus politiques, me paraît, au point de vue du prestige et de la dignité, occuper fort honorablement la place qui lui a été départie.

Peu m'importe à moi, obstiné découpeur d'ombres, de savoir si celui que je silhouette, à cette heure, a été élevé par des mains portant des manchettes de dentelles, ou si, au contraire, il a porté lui-même un tablier d'âpre et rude peau de cuir ! Je ne suis ni un moraliste ni un philosophe, encore moins un politique ; je juge l'homme tel qu'il se présente au moment où ses fonctions le désignent à l'attention publique, et cela me doit suffire.

Très bon, de cette bonté des esprits élevés que ne parvient pas à lasser la critique, M. Faure, tant au ministère de la rue Royale qu'à la Présidence, n'a cessé d'être l'homme accessible aux humbles et aux miséreux. Comme jadis le Cid Campéador quittant son gant pour serrer la main du lépreux, il s'est penché vers toutes les souffrances, tâchant à calmer tous les maux, considérant avec raison que la bienfaisance est la seule chose capable de désarmer la haine et la jalousie.

La place d'ailleurs n'est pas toujours enviable et comporte suivant l'expression même d'un monarque « un casuel », qui n'est pas toujours très doux.

Je ne fais aucune difficulté de reconnaître que M. Faure reçoit avec assez de bonne humeur les coups de pistolet et les bombes et supporte avec une douce bonhomie les coups de pistolet aussi peu dangereux d'ailleurs de la presse hostile.

La correction si parfaite avec laquelle il a reçu le tsar et la tsarine et leur a rendu leur visite, le ton d'élégance et de gentilhommerie qu'il a su donner à l'Élysée aux yeux du corps diplomatique, lui doivent mériter la reconnaissance de tous les Français qui devraient se grouper autour de lui comme se groupent autour de leur reine tout ce qu'il y a d'Anglais dans l'Univers.

Souhaitons-lui donc de rester longtemps au poste où l'a placé la confiance du Parlement.

LÉON FONTAINE

Il m'a paru curieux, au moment où l'Ordre des Avocats est remis sur la sellette, d'évoquer une physionomie aussi affable que sympathique et bien connue parmi eux, celle de Léon Fontaine, le grand costumier du Palais, qui, depuis plus de trente ans, a revêtu de la toge troublante et du blanc rabat bien des hommes venus au Palais en débutants, aujourd'hui arrivés au faîte de la notoriété et de la fortune.

Qui ne connaît M. Fontaine au Palais?

Petit, mais le corps bien pris, vif et alerte, le monocle vissé à l'œil, le sourire affable, le geste paternel, tel est Léon Fontaine, dont tout le monde de la basoche et de la magistrature se plaît à reconnaître le caractère élevé et le cœur généreux, dissimulé quelquefois sous un esprit caustique.

A la tête de la plus importante maison de Paris, il s'est acquis dans l'art du costumier une universelle réputation.

Et c'est une chose curieuse que ces salons du boulevard du Palais où, en entrant, vous apercevez, pêle-mêle, robes rouges de conseillers à la Cour, robes noires d'avocats, robes jaunes de professeurs en Sorbonne, simarres d'hermines de procureurs généraux et toques galonnées de présidents. Car Léon Fontaine habille tout le monde, depuis les hauts magistrats tenant en mains les balances de la justice, jusqu'au plus inconnu des stagiaires, essayant de la faire pencher de son côté.

Et que d'histoires, d'anecdotes prises sur le vif, vous conterait, s'il le voulait, Léon Fontaine, que sa longue carrière au Palais a mis en relations amicales avec tout ce qui porte un nom dans le monde de l'éloquence et des lettres.

Car c'est en nouant le rabat que l'on cause, que les plus fiers orateurs exposent leurs appréhensions, et c'est, en le remettant au vestiaire, des appréciations parfois bien diverses et bien curieuses sur la sentence qui vient d'être rendue.

Mais M. Fontaine ne veut pas parler : il est, par excellence, l'homme discret, et ce caractère de parfait gentilhomme lui a valu, au Palais comme à la Sorbonne, les sympathies générales.

J'étais heureux, en souvenir de la première robe qui me fut attachée sur les épaules, de lui consacrer cet instantané, qui n'est qu'un hommage modeste rendu à un homme de bien.

RENÉ FOURNETS

Quel est le Parisien ayant quelque habitude de l'Opéra qui ne le connaisse et qui n'entende encore résonner à ses oreilles les accents du plus merveilleux des Méphistophélès ?

C'est par ce rôle, en effet, que René Fournets débuta à l'Opéra un beau soir d'octobre 92.

Très brun, le front découvert avec, dans les yeux,

des prunelles d'une douceur infinie et qui ont la profondeur d'une nuit d'été sur la côte italienne, le visage affable reflétant la cordialité de l'homme, les épaules le plus souvent couvertes d'un châle, gai, spirituel, très instruit, René Fournets qui compte aujourd'hui trente-neuf ans, est né à Pau.

Servi par un merveilleux organe, il s'éprit de bonne heure de musique et fut l'élève de Boulanger et d'Obin. En 1884 il enlevait de haute main au Conservatoire deux premiers prix : le 1er prix de chant et le 1er prix d'opéra.

Il fut alors engagé à l'Opéra-Comique et fit de brillants débuts dans le rôle de frère Laurent dans « Roméo ». Il chanta tout le répertoire de basse avec un succès chaque jour grandissant.

Ses créations furent nombreuses : le « Roi d'Ys », « Enguerrande », « Dimitri », le « Chevalier Jean » n'ont point été étrangers à sa renommée, et, lorsqu'en 1892 il passa définitivement à l'Opéra, il put chanter aux applaudissements des habitués tout le répertoire.

Enfin on se rappelle que c'est lui qui créa *Samson et Dalila* où de nouveaux lauriers vinrent s'ajouter à ceux déjà conquis.

Très aimé de ses camarades et de ses rivaux, pas poseur pour un brin, pour le charme de son commerce et la sûreté de ses relations, obligeant et serviable, le très grand artiste dont je viens d'esquisser la silhouette est une des personnalités les plus sympathiques à tous dans le monde parisien.

Signes particuliers : Bien que très méphistophélique en scène, travaille à sauver ses semblables dans la vie réelle. A de ce chef la boutonnière ornée d'une médaille de sauvetage bien méritée.

A épousé Mlle Vernaud dont le talent de peintre est bien connu et dont les conférences sur le costume et l'habitation à l'Association Polytechnique ont eu tant de succès.

EMMANUEL FOY

L'apôtre, le bon génie et le défenseur de groupe, de ce coin fameux de la Bourse où tous les jours il s'échange des millions de rentes françaises. De taille moyenne, l'œil clair, la physionomie sympathique et souriante portant en pointe une barbe brune qui marque 37 ans.

Emmanuel Foy est resté l'une des gloires de ce grand marché de la coulisse des rentes et le comité de celle-ci s'honore de le compter parmi ses membres les plus actifs et les plus sincèrement dévoués.

En Bourse, on l'appelle familièrement « Emmanuel » tout court, et il faut avoir vécu à côté de lui dans son groupe pour le connaître et l'apprécier à sa juste valeur d'homme du monde et de banquier.

Sur la brèche depuis de longues années, il formait, avec les Alfred Nunès, les Kotz et les Blum c(es trois derniers disparus aujourd'hui et dont la Bourse s'honorait), il complétait cet ensemble harmonieux d'hommes d'affaires auxquels plus d'un ministre des finances a songé secrètement à la veille des grandes émissions de rentes françaises dans le but de se ménager leur concours ou leur influence.

La coulisse des rentes garde une grande reconnaissance et toute son estime à Emmanuel Foy qui a su combattre au bon moment le malencontreux impôt dont feu M. Tirard a grevé les transactions sur les Rentes françaises, réduit depuis, c'est vrai, et qui, je l'espère, finira par disparaître tout à fait lorsque E. Foy et ses collègues du comité voudront démontrer une fois de plus aux pouvoirs publics l'iniquité d'un impôt dont souffre injustement le marché jadis si large et si florissant de nos rentes nationales.

Signe particulier : Yachtman accompli.

PIERRE GAILHARD

Alexandre Hepp, auquel les plus minces faits divers et de quotidiens petits riens sont matière à philosopher, tantôt plaisamment, tantôt douloureusement, à la *une* du *Journal*, prenait hier à parti l'honorable directeur de l'Opéra, parce que celui-ci, blessé plus, sans doute, pour la maison à laquelle il appartient que pour sa propre personnalité, avait interdit aux acteurs des Variétés de le représenter en une de leurs pièces.

Et il citait Cadet et Dailly dont les têtes s'étalent sur les murs buvant un apéritif et il ne comprenait pas, le bon Hepp, la différence qu'il y a entre eux et M. Gailhard.

Ce m'est à moi une occasion de résumer ici en ces courtes silhouettes une des plus belles carrières artistiques de cette époque et de faire défiler à la suite des grandes personnalités parisiennes dont j'ai parlé, une des plus distinguées et des plus sympathiques.

Grand, brun, la prunelle ardente, les cheveux en brosse, la barbe en pointe, le geste aimable Pierre Gailhard a eu quarante-neuf ans sonnés le 1er août dernier.

Né dans la capitale ensoleillée du Midi, dans le gracieux berceau des Mercié, des Falguière et... de M. Constans, dont il est un des intimes, M. Gailhard obtenait, en 1867, le 1er prix d'opéra et le 1er prix d'opéra-comique au Conservatoire.

C'est tout d'abord l'Opéra-Comique qu'il choisit; il y débute dans le *Songe d'une nuit d'été*, rôle de Falstaff; chante le *Chalet*, le *Toreador*, *Mignon*, etc. Passe à l'Opéra en 1872; débute dans *Faust*, rôle de Méphistophélès; chante les *Huguenots* (St-Bris), *Don Juan* (Leporello), *Freyschutz* (Gaspard), *Hamlet* (le roi), etc. Crée l'*Esclave* (1874), *Jeanne d'Arc* (1876), la *Reine Berthe* (1878), *Françoise de Rimini* (1882) et reprend *Sapho* (1884).

Ce fut vers cette époque qu'il fut nommé co-directeur de l'Opéra, avec M. Ritt. Dès lors, ce fut à l'Académie de Musique une série de tentatives artistiques qui dénotait le goût le plus sûr et montrait, chez ceux qui les dirigèrent, un véritable tempérament d'artiste.

L'Opéra donna alors *Tabarin*, *Sigurd*, le *Cid*, une des plus belles œuvres de Massenet, et *Patrie*, l'immortel chef-d'œuvre de Paladilhe; puis ce fut la *Tempête*, *Ascanio*, le *Mage*, *Roméo et Juliette.*

On se rappelle les scènes qui précédèrent l'introduction des œuvres de Wagner à l'Opéra. M. Gailhard fit dans ces circonstances preuve de tact et d'énergie.

Accessible à tous, encourageant volontiers les jeunes, ne repoussant aucune tentative artistique intéressante, il a monté la *Montgne Noire*, *Thaïs*, la *Maladetta* et a, dans toutes les œuvres de Wagner ou de l'École italienne, toujours été un remarquable metteur en scène.

Pour tout dire d'un mot, c'est une très grande

intelligence artistique vivant en des sphères élevées, insoucieux des difficultés matérielles dans sa marche à l'étoile.

Il m'est donc tout particulièrement agréable de saisir le prétexte d'un minuscule incident pour découper cette ombre bien connue des Parisiens, pour rappeler les phases d'une carrière si pleine de dignité et l'ensemble d'une œuvre dont on ne saurait contester la grandeur.

LUCIEN GAILLARD

D'origine suisse. Porte dans ses manières et dans toute sa personne ce cachet d'affabilité particulier aux citoyens de ce libre et joli pays.

Né à Paris le 10 novembre 1852.

Un jeune, par conséquent. Ami et collaborateur du doyen Brouardel, dont la silhouette paraît ici même, travaille sans relâche au *Traité de Médecine* que publie l'illustre Maître. La carrière du docteur Gaillard a été aussi rapide que brillante :

Après avoir achevé ses études au lycée Bonaparte, il alla à Zurich pour apprendre l'allemand, et commença, dans cette ville éclairée et scientifique, ses études médicales. De retour à Paris, il fut nommé externe des hôpitaux, puis interne à la fin de 1877.

En 1882, il était reçu docteur avec une thèse sur *La pathogénie de l'ulcère simple de l'estomac*.

Collaborateur des *Archives générales de Médecine*, il s'était déjà fait connaître par plusieurs études cliniques lorsqu'il fut nommé, en 1890, médecin des hôpitaux.

En 1892, une épidémie cholérique ayant éclaté, le docteur Gaillard fut chargé de l'hospice cholérique spécial, établi au bastion 86, et il apporta à ces fonctions dangereuses un tel dévouement, que le 1er janvier 1893 il était décoré de la Légion d'honneur.

A consigné ses observations sur le choléra dans plusieurs monographies, et dans un intéressant volume de la collection Charcot-Debove récompensé par l'Académie de Médecine.

A publié dans divers recueils des travaux sur les maladies de la plèvre. Son volume, dans la collection Charcot-Debove, sur *Le pneumothorax*, en 1892, a été suivi de notes nombreuses sur le même sujet; il a donné tout récemment une statistique du pneumothorax dans les hôpitaux de France.

On connaît ses travaux sur les kystes hydatiques du foie, son livre de *La thérapeutique des maladies du foie*, dans la collection Dujardin-Beaumetz, suivi de nombreuses publications sur la lithiase biliaire.

Telle est, au résumé, l'œuvre du savant.

D'abord facile pour tous, plus dévoué aux pauvres gens qu'aux riches, le docteur Gaillard est une des personnalités les plus estimables du monde médical.

Signe particulier : Fait de temps en temps son apparition au Cercle Artistique et Littéraire.

VICTOR GALLET

Celui-là, c'est Gallet : Ne fume jamais à la Bourse, cela le gênerait pour tenir son carnet, toujours gonflé d'ordres au comptant et à terme.

Informé et documenté comme pas un, un vrai puits de renseignements et dont les sources sont sûres. Si un collègue nonchalant passe sous les colonnes à l'ouverture et veut des cours exacts, il s'adressera à Gallet, car Gallet *est au cours.*

A succédé à son frère dont il a la charmante bonne humeur et l'adresse et dont il avait été, du reste, pendant longtemps, le collaborateur adroit, intelligent et déluré.

L'incarnation de la Cote : vous pouvez lui demander des renseignements sur n'importe quelle voleur cotée ou non cotée à Paris, vous les aurez instantanément.

Si, par un exceptionnel hasard, il ne peut vous satisfaire sur-le-champ, il se mettra en quatre pour vous être agréable et cela de la façon la plus désintéressée au seul titre de bonne confraternité, car nul plus que lui n'a réalisé le type du bon confrère dont parle l'écriture.

Aujourd'hui chef d'une importante maison aussi prospère qu'à l'époque où son frère la lui céda, et d'ailleurs, notoirement appuyée en haut lieu, il a obtenu la confiance des grands établissements de crédit et j'en connais plus d'un parmi eux qui ne se passeraient pas pour un empire des services de Victor Gallet.

Au moment où dans la presse libérale un mouvement nouveau de justice et de sympathie se dessine en faveur de la spéculation naguère si décriée malgré les incessants services qu'elle a rendus au comptant, j'ai pensé qu'il convenait de comprendre dans cette série des financiers parisiens, un des hommes qui ont honoré leur profession par une loyauté constante et un dévouement de chaque instant au crédit public.

LÉON GANDILLOT

Était-ce bien au ministère de l'Instruction publique, n'était-ce pas plutôt à l'Intérieur, que ressortissait la décoration de celui auquel nous devons le *Sous-Préfet de Château-Buzard* ?

Faire l'éloge d'une fonction qu'il est de mode de blaguer, sans trop savoir pourquoi, était, à notre époque de sceptique désillusion générale et sur la plus caustique des scènes parisiennes, une tentative assez délicate si on l'avait tenue pour sérieuse.

Mais prenant la chose à rebours, Gandillot, sans s'en douter peut-être, nous a démontré que ce métier n'était pas à la portée de tous, ce qui m'a rendu particulièrement heureux pour la fonction et pour moi-même qui ai eu l'heur de faire — oh ! combien mal ! — connaissance avec elle.

En l'absence du sous-préfet véritable, son valet de chambre essaye sa tunique, et surpris dans cet accoutrement par un général en tournée d'inspection se voit obligé de tenir le rôle jusqu'aux extrêmes limites du vraisemblable.

Soupçonner ce que l'esprit de Gandillot a pu broder sur cette simple donnée est impossible à ceux qui n'ont point vu la pièce.

Aussi n'est-ce pas pour ces califourniens que j'écris.

On peut ignorer le *Cid*, ne pas savoir, comme mon ancien préfet du Grosriez, de qui est *Polyeucte*, mais on est obligé de connaître Château-Buzard, son sous-préfet, son général et sa sous-préfète !

Dans *Ferdinand le Noceur*, autre colossal succès au même théâtre, c'est toujours le même esprit drôlatique, la même raillerie pinçant sans qu'on aperçoive le rire... ailleurs que sur le visage du spectateur.

Et la *Mariée récalcitrante* ! et les *Femmes collantes* ! O vous tous qui vous êtes *gondollés* aux éclats à chacune des spirituelles saillies de Gandillot, eussiez-vous jamais parié que l'écrivain capable de ces chefs-d'œuvre de gaieté s'aventurerait un jour sur le terrain de la psychologie féminine et irait, de propos délibéré, demander à la comédie de mœurs de nouveaux lauriers !

« Le vrai peut, quelquefois, n'être pas vraisemblable. »

« *La Villa Gaby* » et *Le Pardon* » en sont deux nouvelles preuves.

Oui, Gandillot, le bon gros garçon tout rond qu'on était accoutumé de voir en veston court à ses premières mêmes, délaissant tout à coup ses amours, ingrat de ses premiers succès, venant en habit — pas de marquis, mais enfin en habit — solliciter le suffrage des snobs, quelle surprise, Messeigneurs !

Eh bien le succès l'a suivi ! il l'avait suivi depuis trop de temps déjà pour ne pas le reconnaître le jour où il mit deux queues de morue à son veston !

Aujourd'hui, juste récompense, la boutonnière en rougeoit. Saluons donc avec la sympathie et la cordialité que donne le rire communicatif et la franche gaîté dont il nous gratifia, l'aimable auteur de tant de jolies choses qui a su nous amuser sans laisser, en aucune de ses œuvres, la moindre trace d'amertume.

Un de nos confrères, parlant de lui à propos de la croix qu'il va porter, prétend que Gandillot a été *inventé* par M. Sarcey.

Je ne sais pas si Gandillot a été *inventé*, mais outre que M. Sarcey est notre oncle à tous et que personne ne se peut prévaloir exclusivement de sa qualité de neveu sans offenser son voisin, que

6

mon camarade de l'*Eclair* me permette de lui dire qu'on n'invente pas des hommes comme Gandillot... même à l'époque de Noël et des petites boutiques !

Et maintenant, monsieur le chef d'orchestre, voulez-vous avoir l'obligeance de nous jouer *La Marche des cocottes* !

> *Dévalisant les étrangers,*
> *Scandalisant les gens rangès* !.......

Et je me dis avec gaîté, maître, le plus dévoué, le plus ahuri et le plus gondolé de vos spectateurs.

PAUL GERS

Dans le monde spécial de la Bourse, il y a des gens qui sont l'antithèse vivante du prosaïsme des affaires ; mais leur pratique, leur notion exacte de la vie et leur compréhension des choses, en notre époque de *struggle for life*, font qu'ils donnent leurs efforts intellectuels à leur profession, sans pouvoir toutefois étouffer leurs instincts artistiques et leurs tendances vers l'idéal.

Paul Gers est de ceux-là. Comme à beaucoup d'autres, le hasard lui a fait embrasser la carrière financière, et son intelligence, sa facilité de conception ont vite eu raison des mille difficultés du début, tant au point de vue technique (car tout le monde ne peut devenir homme de Bourse) qu'à celui de la production des affaires.

Il sut s'attirer rapidement les sympathies, et ses nombreuses relations lui valurent la plus belle clientèle. Jeune d'âge, mais déjà vieux boursier, il a su se faire une place et parcourir un chemin honorable.

Aujourd'hui, associé avec M. Razsovich, homme de grande expérience, Paul Gers est remuant et actif, complétant parfaitement son collaborateur et ami, et leurs efforts communs ont conduit la maison de banque en valeurs qu'ils dirigent, vers le but louable des affaires loyales, de la probité et de l'honneur des engagements tenus.

Paul Gers consacre ses loisirs à ses penchants artistiques; lettré, homme d'esprit, il aime les arts et les lettres, *humaniores litteræ*. Excelle par goût, du reste, et pour son agrément personnel, à faire de la photographie, et plus d'un professionnel en cette matière envierait le talent si délicat et si fin de Paul Gers.

Signe particulier: A fait partie très souvent, avec nos confrères, des voyages présidentiels; a rapporté de ces déplacements des croquis pittoresques et des clichés charmants, sans compter les récits humoristiques dont il sait, comme pas un, accompagner ces documents.

MARCEL GOBILLOT

Aux côtés de MM. Emile Morin, Georges Urion, Ernest Cognacq, dont les profils ont été dessinés ici même, il convient de placer celui de M. Marcel Gobillot, l'un des directeurs des grands magasins de la Ville-Saint-Denis.

Un travailleur et un sympathique.

Associé depuis la mort de M. Fabre, survenue le 15 juillet 1889, avec M. Samson, lui aussi, administrateur habile, dont il a épousé la sœur, M. Gobillot, par sa remarquable activité, son goût incontesté et sa haute probité dans les affaires, a conquis pour les grands magasins de la Ville-Saint-Denis une toute première place parmi les maisons françaises.

Ce n'est point une physionomie banale que celle de ce laborieux.

Né à Neuvy dans la Nièvre, il vint de bonne heure à Paris et fut séduit par le commerce qui est de plus en plus de nos jours la question captivante, je dirai presque la question vitale si j'en crois l'article remarquable que publiait hier mon compatriote et mon confrère Jules Roche dans le *Figaro*, sous le titre : L'Invasion Allemande.

Il y apportait d'ailleurs tout ce qui est nécessaire pour réussir : un esprit vif et original, un goût sûr, et une activité qui ne s'est pas démentie un seul instant.

Assez grand, le front découvert, le teint clair l'œil vif, alerte, la parole brève, la moustache et l'allure générale d'un officier en tenue bourgeoise — je crois bien qu'il est un peu capitaine de réserve — toujours souriant, le geste affable, tel est au physique l'heureux et très distingué direc-teur des Grands Magasins de la Ville-Saint-Denis.

Ajoutez à cela que son beau-frère, M. Samson, et lui, se sont comme donné le mot de passe pour être aimé de tous et particulièrement de leur personnel.

Un vieil employé depuis longtemps dans la maison, me disait, il y a un mois :

« Vous n'imaginez pas ce que l'on travaille, le « cœur plus haut, pour la quotidienne besogne, « lorsqu'on a à côté de soi des patrons comme les « nôtres dont toute l'existencce est faite de bonté. »

Quel plus bel éloge peut-on faire de ces hommes qui ont contribué à la prospérité du commerce parisien et à sa bonne renommée.

Signe particulier :

Disciple fervent de Saint-Hubert ; se délasse des fatigues de la journée parisienne dans celles de la chasse et entraine volontiers ses intimes à la Housser, où il a une des chasses les plus giboyeuses du pays.

LOUIS GRUNBAUM

Voici un maître du marché des valeurs de la Bourse de Paris, une personnalité des plus en vue et en même temps le type parfait du financier de haute envergure, de l'homme aux grandes idées, sachant provoquer et mener à bien les plus grosses affaires, les entreprises financières les plus ardues.

Quarante-cinq ans, visage au teint mat, de petite taille, mais possédant un tempérament de fer, la moustache brune, épaisse, l'œil perçant et scrutateur, nature énergique entre toutes et douée supérieurement pour les chiffres, tel est Léon Grunbaüm.

A rendu d'immenses services aux banquiers-arbitragistes dont il fut de tout temps l'organe le plus autorisé sur le marché.

Appartint longtemps à la maison N. et G. Léon ; fut maintes fois l'initiateur de grandes affaires qui prirent naissance au marché de Paris.

Actuellement associé de MM. D. et I. Léon, il est en son nom avec ceux-ci, membre du Syndicat des banquiers en valeurs.

Les arbitrages, les parités n'ont pas de secrets pour Grunbaüm ; il est une force, une puissance sur le marché parisien ; toujours l'un des premiers informés, il connaît sur le bout du doigt la tendance et les cours des Bourses du monde entier.

Renseigne complaisamment ses nombreux clients, vit entouré de leur confiance et possède au plus haut point l'estime de tous ses confrères, grâce à ses qualités de travail incessant et de probité.

Signes particuliers : Grand ami de la race canine dont il possède aux environs de Paris, les plus beaux spécimens. Se passionne pour les découvertes scientifiques : Commanditaire du télescripteur Hoffmann, dont le *Figaro* a donné récemment la description.

MAX GUTMANN

Grand, replet, d'humeur joviale, portant élégamment ses trente-huit ans, un des plus laborieux parmi les travailleurs de la Bourse.

Ancien aide de camp de M. Ephrussi, dont il sut, pendant de longues années, garder l'absolue confiance, et dont il ne s'est séparé, d'ailleurs, que pour s'établir avec son frère qui dirige, à ses côtés, l'importante maison que tous connaissent.

Excelle à forger ou à traduire un *stellage*, établit une *parité* avec la rapidité de l'éclair et débrouille un arbitrage en un clin-d'œil, sans broncher, sans jamais se départir du calme nécessaire au milieu des mille incidents de la bataille journalière.

Fumant son cigare avec délices, il va de l'un à l'autre avec l'attitude de l'homme toujours sûr de lui-même et maître de ses impressions.

D'ailleurs, admirablement secondé par son frère, pour lequel il a une si touchante affection.

On peut les voir tous les deux, ponctuels, actifs, travailleurs acharnés, recevoir, dès l'ouverture du marché, les nombreux télégrammes qui leur apportent, dans leurs plis, les nouvelles du monde entier.

Tels sont, pris sur le vif, tel qu'il m'est donné de les profiler en ces trop courts instantanés, ces deux hommes qui constituent dans le monde financier, une dualité, jouissant de l'estime et de la considération générales.

GABRIEL HANOTAUX

Elu hier, sur le coup de quatre heures, membre de l'Académie française.

Est entré là avec l'aisance d'un homme du monde qui vient faire visite au moment du *five o'clock*.

N'était pas un habitué du salon, mais avait prévenu de sa visite.

Loué par les uns, vilipendé par les autres, comme tout homme politique qui se respecte, Gabriel Hanotaux, qui ne compte aujourd'hui que quarante-trois ans, semble avoir devant lui le temps de répondre aux espérances des premiers et de se défendre des attaques des seconds.

Ce n'est pas ma tâche de dire ici l'homme politique trop connu, d'ailleurs, de tous les Français qui achètent des journaux pour que je me livre à son endroit à une débauche biographique.

Saluons l'académicien et disons quel est l'homme auquel ses lettres ont valu l'honneur de l'être.

Les *Villes retrouvées*, publiées en 1880, à la suite de voyages en Italie et dans le nord de l'Afrique, contiennent les documents les plus intéressants sur Ninive, Babylone, Troie, Carthage, Thèbes, Pompéï, Herculanum. Avec cela, notons de sérieuses études historiques sur le seizième et dix-septième siècles ou la conscience de l'écrivain se voit à chaque page et, enfin, deux ouvrages qui suffiraient à le classer parmi les plus délicats de nos historiens. *Henri Martin (sa vie ses œuvres, son temps)* et l'*Histoire du cardinal de Richelieu.*

Que la grande ombre du grand protecteur dont le portrait domine le bureau de M. Hanotaux l'ait protégé fortement et pour ainsi dire conduit sur les marches de l'Académie qu'il fonda, cela ne fait de doute pour personne, mais ne saurait diminuer le mérite du ministre actuel.

Tout le monde peut admirer une figure comme celle de Richelieu, elle est, pour cela, placée assez haut dans l'histoire, mais il faut un réel talent d'homme de lettres et de politique pour faire revivre cette physionomie par la critique des actes d'un tel personnage et par l'analyse psychologique de son caractère.

C'est ce talent d'écrivain, cette conscience d'historien impartial fouilleur de documents, que l'Académie française a entendu récompenser hier en appelant M. Hanotaux au fauteuil de Challemel-Lacour.

Il sera intéressant de voir le chantre de Richelieu louer l'auteur des *Œuvres de Mme d'Epinay* et le ministre des affaires étrangères faire l'éloge de l'ancien ambassadeur et de l'ancien préfet du Rhône.

Inutile de dire si, hier soir, M. Hanotaux a été félicité !

Entouré de ses fidèles et si aimables collaborateurs, MM. Nisard, Crozier, Jusserand, il a reçu avec une parfaite bonne grâce les compliments venus des quatre points de l'horizon parisien.

Et, dans ces *félicitations empressées*, dominait

une note de sincérité sympathique pour l'homme qui, depuis quatre ans, avec la même sûreté de jugement, a déchiffré les plus intéressants documents historiques et rédigé les plus délicates dépêches... chiffrées.

Signe particulier : Fort matinal ; fait, dès l'aurore, de longues promenades au bois, suivi de sa voiture à cocarde tricolore qu'il met, d'ailleurs, avec une galanterie digne de la cour de Louis XIII, à la disposition des bicyclistes blessées.

MICHEL HEINE

Parmi les personnalités les plus marquantes de la haute banque, il n'en est pas qui aient mérité au même titre que Michel Heine les sympathies générales pour sa philanthropie et sa grande bienfaisance.

Au point de vue financier, M. Heine est surtout un laborieux et un homme de sang-froid.

Très érudit, connaissant à fond l'économie politique, ayant la grande expérience des affaires, il est le financier dont les avis et les conseils sont recherchés partout.

Le nombre des entreprises auxquelles il s'est associé est si grand qu'il me faut me réduire à une énumération à peine complète.

Membre du Conseil d'administration de la Compagnie parisienne du Gaz, membre du Comité de Paris de la Banque impériale ottomane, régent de la Banque de France, membre du Conseil d'administration de la Banque hypothécaire d'Espagne, M. Michel Heine apporte dans toutes ces Sociétés les ressources d'un esprit pénétré des nécessités de

la science financière moderne et d'une activité qui
ne s'est jamais démentie un seul instant.

On sait qu'il était apparenté à la regrettée
Mme Furtado-Heine, célèbre par ses œuvres géné-
reuses qui avait donné à l'armée la belle villa de
Nice, et que le gouvernement de la République
avait faite officier de la Légion d'honneur en récompense de tant et de si brillants services rendus aux
œuvres et à l'esprit de charité.

M. Michel Heine a été fait lui-même chevalier
de la Légion d'honneur, comme régent de la Banque
de France, en raison de la part prise par lui à la
gestion de notre grand institut financier.

D'une facilité de travail remarquable, toujours
le premier à la tâche dans sa maison de banque de
la rue de la Victoire, adoré de ses employés pour
lesquels il a une bienveillance toute paternelle,
affable et obligeant, plus modeste encore que riche,
M. Michel Heine est une physionomie vraiment
remarquable du monde financier, en même temps
qu'un des hommes les plus aimés de la haute société
parisienne.

Signe particulier : Homme de goût et amphitryon
affable reçoit au château de Richelieu, dans cet
admirable département d'Indre-et-Loire si plein
d'artistiques demeures, ses nombreux amis parisiens avec une gracieuseté et un tact infinis,
aidé dans cette tâche par Mme Heine, qui est la
bonne fée du pays, et par M. Georges Heine, dont
la bonté est devenue proverbiale.

JULES HEINTZ

Comme beaucoup d'autres dont j'ai tracé ici le
portrait, Jules Heintz est ce que l'on peut appeler
un enfant de la Bourse.

Il débuta dans des conditions modestes et ceux qui l'employaient alors reconnurent vite en lui des qualités qui le désignaient tout naturellement à des fonctions délicates. Bientôt le « carnet » de la Maison lui fut confié. Devenu dès lors le « premier » Heintz, donna libre allure à son activité et accomplit toujours son devoir avec la ponctualité et l'énergie qui le caractérisent. Ces qualités précieuses indiquaient nettement qu'il y avait en lui l'étoffe d'un chef et bientôt il devint l'associé de M. Le Dru. Plus tard les hasards des affaires les séparèrent et aujourd'hui J. Heintz dirige avec autorité la maison qui porte son nom seul, et qui est achalandée par la clientèle des banquiers les plus honorés de Paris.

Les clients de Heintz sont aussi ses amis et au marché en banque du comptant, il ne se fait pas une émission où une affaire nouvelle sans que les services de celui dont je parle soient réclamés par la haute Banque qui donne le ton au marché.

Vif, alerte, dans la fleur de l'âge encore portant la barbe châtain, taillée en pointe, d'allure toujours correcte, trouvant constamment le mot aimable pour ses confrères et ses clients, renseigné et documenté à merveille, grâce à vingt-cinq ans de pratique des affaires, tel est Heintz, un sympathique entre tous.

Secondé avec le plus grand dévouement par son frère cadet, il conduit avec un tact parfait sa Maison de Banque, dont le nom est synonyme d'honneur et de probité.

Signe particulier : Fait une guerre acharnée aux brochets de la Marne.

LOUIS HÉMON

Un Breton à la tenacité inflexible dissimulée
sous les plus aimables apparences. Cœur loyal ; ne
connaît pas ce que c'est que de s'engager à demi.
Laisse passer les événements sans sourciller pendant un temps, puis un beau jour jette son *Vade
retro Satanas* ! à ses adversaires.

L'homme du jour sinon de la semaine, car son
discours n'a été affiché qu'avant-hier.

Etait avocat quand éclata la guerre de 1870 :
quitta alors la robe pour le fusil et se battit vaillam-
ment à la défense de Paris avec les mobiles bretons.

Représente la ville de Quimper où il est très
aimé de ses commettants.

A toujours passé pour un modéré qu'il ne fait
pas bon taquiner.

Est tellement maître de sa circonscription qu'en
1893 aucun concurrent ne lui a été opposé, et
qu'il en sera vraisemblablement de même en 1889,
malgré l'ardeur des haines cléricales que son discours dans la discussion de l'élection de l'abbé
Gayraud va lui susciter.

Au physique, cinquante-trois ans, le regard très
doux, la barbe assez courte en fer à cheval, une
moustache brune effilée soulignant le visage, type
accompli de la modestie.

Au fond l'homme du monde avec lequel il est le
plus facile de s'entendre.

N'a cessé de prêcher à la Chambre l'union de
tous les républicains.

Armes parlantes : Un cœur d'or sur fond de
gueule surmonté d'un évangéliaire au chef d'argent avec la devise :

Hémon nous les uns les autres.

JOSÉ-MARIA DE HÉRÉDIA

O Maria Hérédia, le peintre et le poète
Laissent en expirant d'immortels héritiers,
Jamais l'affreuse mort ne les prend tout entiers.

Je ne sais pas pourquoi j'ai, toute la semaine, fredonné comme un refrain ces vers à la Malibran sur le nom de M. de Hérédia, mais c'était une obsession et — nouvelle preuve de notre perpétuelle irresponsabilité — il a fallu que je les inscrivisse en tête de cette silhouette!

Etait-ce le nom particulièrement musical et sonore du sympathique académicien, né un peu sous les mêmes latitudes que la douce figure de comédienne célébrée par Musset, n'était-ce point que depuis la visite du tsar le nom de Maria de Hérédia a grandi dans la popularité? Je ne sais, mais il a l'âme haute, il me pardonnera.

D'autant qu'il laissera parfaitement, lui, les héritiers dont parle l'auteur des *Nuits*.

Les *Trophées*, les *Conquérants* resteront comme des chefs-d'œuvres d'admirable inspiration poétique.

Cinquante-cinq printemps, la physionomie jeune, la figure pleine où la prunelle brille sous l'arcade un peu ombrée, très élégant de tenue, affectionnant le gilet blanc et les cravates à fleurs, obligeant, tel est M. José-Maria de Hérédia reçu à l'Académie Française, le 30 mai de l'an de grâce 1895, par notre bon Coppée.

Je me réserve de faire connaître plus longuement dans une étude consacrée à l'Espagne l'œuvre de M. José-Maria de Hérédia que je ne puis que *silhouetter* sommairement en ces courts instantanés.

Affectionne Musset et Verlaine.

Aimable et ne marchandant jamais sa peine,

7

accueille avec la plus parfaite bonne grâce ses jeunes confrères.

Très au courant les choses de la politique, ne s'y est jamais mêlé, ce qui ne l'empêche pas de tutoyer les rois et d'embrasser les mains des tsarines.

N'est pas d'aujourd'hui sur la brèche puisqu'il a débuté en 1862 à la *Revue de Paris*.

N'a jamais su refuser depuis, sa collaboration à une publication sérieuse et a donné ainsi des articles aux *Débats*, à la *Revue des Deux-Mondes*, au *Temps*, à la *Revue française*, à la *Renaissance*, etc.

Ce que l'on sait moins de lui, c'est que le délicat poète des *Trophées* et de tant de jolis vers nous vient de l'école des Chartes : Un rossignol envolé du fond d'un diplôme d'archiviste-paléographe !

Signe particulier : Camarade et ami intime de l'ange Gabriel... Hanotaux.

EDOUARD HERVÉ

Un des doyens de la Presse française et de la grande école, celui-là.

Armand Carrel, de Girardin, Auguste Vacquerie n'ont pas eu, dans le monde des publicistes, un nom plus respecté.

Tout d'une pièce quand il s'agit des principes politiques qu'il a passé sa vie à défendre, l'homme privé devient d'une douceur, d'une bonté, d'une indulgence dont se peuvent seuls faire idée ceux qui l'ont approché.

Né à Saint-Denis (île de la Réunion), le 28 mai 1835, il vient faire ses études à Paris et sort du collège Napoléon la tête couronnée des lauriers du concours général pour entrer la même année

(1854) à l'Ecole normale (section des Lettres) avec
le numéro 1.

Voilà, direz-vous, de brillants débuts, et le jeune
homme qui va sortir de cette école sera un des
maîtres du professorat ou de la politique, il finira
professeur au Collège de France ou ministre.

Détrompez-vous, Edouard Hervé sera et restera
toute sa vie un simple journaliste.

Et cela me remet involontairement en mémoire
le mot de cette marquise douairière parlant de
J.-J. Weiss, un de ceux précisément qui fondèrent
avec Edouard Hervé, en 1867, le journal de Paris :
« Je ne m'imaginais pas un journaliste aussi poli ».

Poli dans toute l'acception Louis-quatorzième
de ce mot, c'est bien là, en effet, Edouard Hervé !

Dire sa carrière, ce serait faire l'histoire du
journal dans ses trente dernières années. Collaborateur au *Courrier du Dimanche* en 1863; au
Temps, en 1864; à l'*Epoque*, en 1865, il devient
correspondant du *Journal de Genève* à la suite de
difficultés avec dame censure.

Enfin, le 5 février 1873, il fonde le *Soleil* dont il
est resté, depuis, le directeur et le 11 février 1886,
l'Académie Française le reçoit dans ses rangs en
remplacement du duc de Noailles.

Le front haut, le visage rasé à l'exception d'un
mince collier de barbe, les lèvres fortes, dont les
commissures très mobiles sembleraient habituées
à la raillerie, n'était l'éclair de bonté que projette le
regard, l'honorable académicien, dont un des pré-
noms, je crois, est « *Aimé* », a su se créer dans tous
les partis politiques de vives et sincères sympathies.

Et cela est beau au bout de trente ans de luttes
journalières? Et c'est parce que cela mérite d'être
dit que je l'ai imprimé dans un journal qui n'a

cessé de combattre les principes, les opinions et l'idéal de **M. Edmond Hervé.**

Signe particulier un des hommes qui s'intéressent le plus à l'Irlande.

Documenté comme pas un sur les compatriotes de Miss Maud Gone, a, dans sa « *Crise Irlandaise* » donné de nombreuses marques de sympathies à ce malheureux peuple.

Se réchauffe aux rayons d'un soleil d'or emblématique qui orne la cheminée monumentale de son cabinet de travail.

EMILE HOSKIER

L'auteur de l'alliance financière entre la France et la Russie.

Au nombre des grands banquiers dont j'ai parlé, il convient d'ajouter un nom bien connu à Pétersbourg comme à Paris, celui de **M.** Emile Hoskier, un grand et véritable financier, dont la maison de banque a réalisé avec tant de succès le premier emprunt russe.

La raison sociale E. Hoskier et Cie a acquis dans Paris une toute première place. Elle le doit, il est juste de le dire, à l'habileté, à l'expérience consommée et à la haute bonne foi de son chef à qui toute une vie d'honneur et de travail a valu à Paris et à Péterhof de hautes et précieuses amitiés.

Je n'ai pas besoin d'insister ici; tous ceux qui se tiennent au courant des affaires financières savent les services réels rendus au crédit Russe et aux finances françaises par la réalisation de ces accords financiers intervenus entre russes et Français et qui sont des traités souvent plus sûrs que les traités politiques.

Le visage affable et bienveillant, l'œil vif et

interrogateur, toujours vêtu avec une simplicité élégante, M. Hoskier est une des physionomies les plus distinguées et les plus sympathiques de la haute Société Parisienne.

On sait avec quel courage, au milieu des marques de sympathies qui lui sont venues de toutes parts, il a supporté le malheur dont il fut frappé récemment, au moment même où il était occupé en Russie à préparer d'importants contrats.

Depuis, M. Hoskier a été reçu à Péterhof par l'Empereur qui lui a témoigné les marques les plus vives de son affection.

Modeste au delà de toute expression. M. Hoskier ne me pardonnera sans doute pas d'avoir mis son nom en vedette.

Il m'était difficile cependant de ne pas rendre un hommage bien mérité à la grande maison de banque qu'il dirige avec tant d'honneur et de succès.

GEORGE HUGO

Auteur des *Souvenirs d'un Matelot*.

Et c'est exprès que je le désigne ainsi, pensant avec lui-même que l'homme se doit distinguer par ses œuvres personnelles.

A vrai dire, la chose ne trompera personne et l'on verra bien vite qu'il s'agit du petit-fils d'Hugo.

On a tellement pris, en politique, en art et en littérature, l'habitude d'accabler ceux qui viennent sous le poids du nom qu'ils portent, comme un enfant royal qu'une lourde couronne ferait ployer, qu'il devient joliment dur ensuite de se faire un nom personnel.

George Hugo, au contraire, s'est affirmé déjà

dans toute sa personnalité, et les *Souvenirs d'un Matelot*, écrits avec une franchise, un réalisme et une étonnante liberté de conclusion, sont l'œuvre d'un homme dont le style, parfois peut-être, rappelle — comment pourrait-il en être autrement? — la manière de l'illustre auteur de l'*Histoire d'un Crime*, mais qui n'est, en aucune façon, inspiré de ses pensées ordinaires.

C'est bien la pensée propre du jeune écrivain que nous rencontrons là, avec son âme sensible, irritée des lâchetés et de la barbarie d'une discipline abrutissante et produisant, en définitive, une œuvre toute d'observation vraie, de sensibilité et de caractère personnel.

Grand, mince, une fine moustache soulignant un visage éclairé par de grands yeux, affable et cordial, répudiant toute recherche et toute affectation dans les manières, George Hugo s'est créé, non seulement par le nom qu'il porte, mais par son caractère aimable et simple, d'unanimes sympathies dans la société parisienne.

On sait qu'il a épousé Mlle Ménard Dorian, fille de l'honorable sénateur, près duquel il habite, rue de la Faisanderie, en un coquet hôtel où les briques mettent leur note gaie, partageant son temps entre la littérature et des causeries chez un artiste voisin.

Pour clore ici ce court profil que je suis obligé de restreindre à la place qui m'est assignée, un souvenir qui n'est qu'un mot, mais amusant.

Un vieil ami à moi, qui fréquentait assidûment chez Victor Hugo, sortait un jour en compagnie de Meurice et de George Hugo, qui pouvait bien avoir une huitaine d'années, et comme, en passant devant Notre-Dame, mon ami lui montrait « la

grande hymne de pierre » qui inspira si fort le
poète :

— Tu sais ce que c'est? lui demanda-t-on.

— Ce sont les tours à pépé, répondit l'enfant
enthousiaste, consacrant par ce mot comme la
main-mise du génie sur le monument qui s'offrait à
ses yeux.

Armes parlantes : Un béret de matelot au pom-
pon rouge sur fond d'azur semé de quelques
nuages.

JULES HUNEBELLE

Un de nos plus grands entrepreneurs. Un sympathique et un laborieux. Avait offert à l'Etat, il y
a plusieurs années, de lui acheter les ruines de la
Cour des Comptes, que très patriotiquement il
considérait comme une des tristesses de Paris, pour
les remplacer par d'élégantes demeures telles que
celles qu'il a déjà fait construire au coin de la rue
Solférino et du quai d'Orsay.

Jules Hunebelle, en effet, est un patriote aussi
ardent que sage et les habitants de la jolie commune de Clamart le savaient bien, qui depuis si
longtemps n'ont cessé de le choisir pour leur
maire.

C'est là, en effet, qu'il passe la plus grande partie
de l'été dans son coquet château de Fleury dont le
parc, joignant les bois de Meudon, domine la vallée
de la Seine.

Nul paysage n'atteint en poétique grandeur celle
qui se dégage de ce coteau d'où tout le Paris vivant
et travaillant, éternel symbole de force, se peut
contempler à travers un rideau de verdure.

M. Jules Hunebelle, dont toute la vie est faite de
travail et qui a vu cette existence couronnée par

la Fortune est aujourd'hui âgé de 78 ans : Il était arrivé à Paris en sabots ainsi qu'il se plaît lui même à le raconter avec une spirituelle bonne humeur qui fait de son caractère le plus grand éloge.

Le travail a marqué ses traces sur son mâle visage, et ses traits empreints d'une grande bonté disent mieux que tous les biographes la loyauté de son cœur.

De taille moyenne, les cheveux blancs, l'œil vif, alerte et brusque au besoin, franc et cordial, tutoyant son cocher et câlinant ses chevaux qui sont d'ailleurs de merveilleuses bêtes, M. Hunebelle est adoré de tous dans ce charmant pays de Clamart où nos édiles parisiens devraient bien venir prendre des leçons de bon sens et de concorde.

Officier de la Légion d'honneur, oncle par alliance de M. Pallain, le nouveau gouverneur de la Banque de France, M. Jules Hunebelle est une des physionomies que je devais placer fatalement, un jour, devant mon objectif.

Je le devais à une carrière toute faite d'honneur et de labeur incessant, et je le devais peut-être aussi à ces bois de Meudon si hospitaliers toujours aux journalistes en mal de polémiques, et qui me rappellent à moi-même une des plus gaies balades qu'on puisse faire en compagnie de deux témoins et d'un chirurgien.

PAUL DE JONGE

Trente-sept ans, grand, sec et nerveux, le profil en lame d'épée, orné d'une barbe châtain foncé, la mise correcte des gens d'affaires ne s'attachant pas aux détails futiles de la toilette, tel est Paul de Jonge.

A fait toute sa carrière à la Bourse de Paris dont il est devenu, par son activité et son travail incessants, un des membres autorisés inscrit depuis déjà plusieurs années au Syndicat des banquiers en valeurs et en rentes françaises.

Paul de Jonge fut longtemps, avant d'être établi, le fondé de pouvoir de MM. Kirchberg et c'est en cette qualité qu'il se fit connaître tout d'abord du monde fréquentant sous le péristyle de la Bourse de Paris.

N'avait pas son pareil pour exécuter rapidement les gros ordres qui lui étaient confiés et fut maintes fois dans le groupe des valeurs l'initiateur, le promoteur de mouvements importants, et de fluctuations très notables, provoqués par les offres ou les demandes considérables de titres qui émanaient de lui.

Associé maintenant avec son fidèle collaborateur et ami, M. Auguste Weiner, il traite journellement sous ces deux noms, de nombreuses transactions et cette maison possède des relations très étendues non seulement en France, mais à l'étranger, où elle est l'objet de la confiance d'un grand nombre de banquiers qui apprécient hautement ses loyaux services.

Signe particulier : de Jonge n'a jamais d'erreurs dans le dépouillement de son carnet le soir en rentrant de la Bourse; c'est la précision mathématique faite homme.

EMILE JULLIEN

Ancien président de la gauche radicale.

En baudruche. — Et surtout n'allez pas lui faire du mal, le bousculer ou le piquer. Il serait capable

de se dégonfler et vous me gâteriez mon plaisir :
Il m'amuse celui-là.

Au fond... très au fond... tout à fait au fond...
un brave homme ! incapable de faire le mal quand
on ne l'y excite pas et, par ailleurs, fort raison-
nable, à une condition toutefois : c'est qu'on soit
en tête-à-tête avec lui. Là vous le trouverez ou
aurez des chances de le trouver naturel : Il appré-
ciera comme vous, comme le commun des mortels
les choses... mortelles. Si vous lui dites qu'il fait
jour vers midi, que les femmes sont volages et
que la politique est malpropre, bref des apho-
rismes devant lesquels tous s'inclinent, il est bien
capable d'en convenir, mais pour Dieu n'allez pas
admettre une tierce personne dans la conversation,
car alors, sans qu'on sache pourquoi, il va changer
d'attitude et de simple et brave homme qu'il était,
le voilà qui grimpe sur les tréteaux, pérore,
emphase, périphrase, s'enfièvre et finalement
devient tout-à-fait insupportable. Tous ceux qui
ont connu Jullien me rendront témoignage que je
n'exagère pas.

Pontifier, envers et contre tous, restera la manie
de ce provincial qui sans cela, obligeant et honnête, n'eût pas été plus ridicule qu'un autre.

Je me souviens qu'un jour, alors que j'étais
conseiller de préfecture, et qu'en sa compagnie je
revenais de présider au lieu et place du Préfet un
petit comice agricole, nous fîmes route dans le
même compartiment jusqu'au chef-lieu ; il m'appelait par mon nom et moi par le sien avec une
simplicité digne des temps antiques, quand par
malheur, deux voyageurs, à une station voisine
montèrent dans notre compartiment. Ce fut le

signal de la pose devant l'objectif : à partir de ce moment il y avait une galerie : il ne m'appela plus que *Monsieur le Conseiller* afin qu'à mon tour je fusse obligé à l'appeler *Monsieur le Député.*

L'homme naturel avait disparu, il ne restait plus que le pontife des couloirs de la gauche radicale !

Il eut, il y a de cela quelque cinq ans, un duel avec l'honorable M. Tassin, son collègue de la députation, et tout Blois s'esclaffe encore à gorge déployée au souvenir de ce combat mémorable qu'il convient de conter ici :

Non nisi grandia canto !

Egratigné par son adversaire à un doigt de la main droite, Jullien se retourne avec une attitude qui eût été enviée de l'Olympe, vers son médecin, le docteur Guérin, et lui dit :

Tu vois, je suis blessé, que faut-il faire ?

Fais pipi dessus, lui répond Guérin ! Et ce fut un fou rire.

Et celle-là n'en est qu'une, mais c'est deux cents du même fagot que j'aurais à servir à mes lecteurs si j'avais — oh ! pardon — s'ils avaient du temps à perdre.

Signe particulier : Ancien avocat de la *Lanterne.*

A pendant assez longtemps apporté le concours de ses lumières à l'ustensile de Mayer : le vent qui entrait par les carreaux a soufflé la chandelle (1).

---

(1) Devant une tombe à peine fermée l'ironie doit se taire. Au moment où ce volume s'imprimait, Emile Jullien succombait dans l'arrondissement de Romorantin où il est avantageusement remplacé par M. Maymac, républicain progressiste.

La tribune est en deuil et Paris en larmes.

ZADOC KAHN

Après avoir donné les portraits du cardinal Richard, archevêque de Paris, et du pasteur Vernes. président du consistoire protestant, je voudrais aujourd'hui présenter à mes lecteurs, en ces courtes lignes, le portrait de celui qui, pour tout le territoire français, a charge d'âmes dans la religion israélite, de M. Zadoc Kahn, grand rabbin de France.

C'est une physionomie curieuse et sympathique à tous égards que celle de cet homme dont tous les actes sont emplis d'une foi si profonde et d'une tolérance vraiment admirable.

Il se prodigue peu dans le monde et reste assez volontiers retiré en son presbytère de la rue Saint-Georges qui n'est qu'une dépendance de la grande synagogue de la rue de la Victoire, mais on peut le voir parfois traversant les rues de Paris d'un pas rapide, l'allure vive, une badine à la main, portant parfois sous le bras une toute petite serviette d'avocat.

De petite taille, la barbe en pointe, poivre et sel, dans laquelle pourtant le poivre dominerait encore, se détachant sur une cravate blanche, l'œil très vif, brillant derrière des lunettes jamais quittées, mais prenant à certaines heures et au récit de certaines misères physiques ou morales une grande douceur, le corps mince et élégant, sanglé dans une redingote noire, à la boutonnière de laquelle passe un mince, très mince ruban de la Légion d'honneur, tel apparaît, en son cabinet de la rue Saint-Georges, le grand rabbin de France.

A la synagogue, les jours de fêtes et dans les cérémonies religieuses, officiant dans ses habits sacerdotaux, il impose le respect aux incrédules ou aux indifférents, par le sentiment de foi élevée qui se dégage de son attitude, et quand cet homme qui, à première vue, n'a pas l'air d'un conducteur de peuples, prend la parole, il se révèle un maitre en l'art de l'éloquence.

Je l'ai assez souvent entendu, comme tout journaliste parisien, dans des circonstances importantes, mais jamais, je l'affirme, un orateur sacré ou politique n'a remué le cœur d'une assistance comme il le fit le jour où, sur la tombe du capitaine Mayer, il poussa le plus grand cri de pitié et de tolérance qui ait été entendu à notre époque.

Oh! ces luttes fratricides entre ces fils d'un même pays, entre ces hommes dont les cultes différents prêchaient néanmoins le pardon des offenses, comme elles faisaient saigner son cœur de patriote et d'apôtre! Elles l'ont porté, ce jour-là, aux hautes cimes de l'éloquence, à des degrés où la foi seule est capable d'élever la parole humaine.

J'aurai terminé ce portrait, déjà un peu plus long que de coutume, en ajoutant que, causeur charmant et homme serviable dans la vie quotidienne, M. Zadoc Kahn compte de nombreuses amitiés dans tous les rangs de la société parisienne, dont il apparaît comme une des silhouettes sinon les plus répandues, à coup sûr, des plus sympathiques.

HENRI LABEYRIE

Le visage allongé, la barbe en pointe, le regard tantôt perçant, tantôt très doux derrière un lorgnon auquel ne pend ni ganse, ni cordon et, malgré cela, très Sagan dans son pschuttisme mitigé de raideur, tel apparaît en son cabinet de la rue des

Capucines, à la nombreuse clientèle du Crédit Foncier de France, le très aimable et très sympathique gouverneur.

Fils d'un directeur au Ministère des finances, Henri Labeyrie, enfant de la maison, entrait comme rédacteur à l'Administration centrale de ce même ministère en 1864. Il avait alors dix-neuf ans.

Sa carrière fut rapide et brillante : Successivement depuis 1874, percepteur à Nantes, trésorier-payeur général des Côtes-du-Nord, puis des Alpes-Maritimes, il est nommé le 31 mars 1888, directeur général de la caisse des Dépôts et Consignations.

Ce fut là, dans le grand établissement de la rive gauche, qu'il fit preuve des qualités les plus sérieuses d'organisateur et de financier et donna la mesure de sa haute valeur à l'époque où les Caisses d'Epargne étaient violemment attaquées par les adversaires du gouvernement.

Sous sa direction, la caisse des Dépôts et Consignations prit un essor jusque-là inconnu et reçut des visites qu'elle n'avait point prévues, telles que celles des liquidateurs, notaires, séquestres qui trouvèrent dans l'administration de M. Labeyrie non seulement les garanties qu'ils étaient en droit d'exiger, mais la simplification de la procédure et de la foorme !

Oh ! qui dira les lauriers auxquels ont droit les hommes qui, comme celui que je peins en ce moment, ont su résolument entrer dans la voie des réformes et de la simplification procédurière.

Très instruit, très érudit tant au point de vue économique que financier, Henri Labeyrie, compte dans le monde de la politique, des Lettres et de la Finance de nombreuses et vives sympathies qui l'ont conduit et désigné pour le poste élevé qu'il occupe.

Foncièrement républicain — ceci dit sans jeu de mots — incapable de blesser un interlocuteur dans ses sentiments mais inflexible dans ses amitiés, il réalise le type de l'homme du monde intègre et charmeur à la fois, capable de se faire moudre pour ses convictions tout en respectant celles d'autrui.

Le gouvernement a tenu à récompenser de tels services et un tel attachement en lui offrant la cravate de commandeur de la Légion d'honneur qu'avec une modestie extrême il ne porte que dans les circonstances extraordinaires.

Accompagné, dans toute sa carrière administrative par son fidèle collaborateur M. Rouxel, qui avait débuté auprès de lui comme fondé de pouvoirs à la Trésorerie générale des Côtes-du-Nord, il l'a fait nommer secrétaire général du Crédit foncier et tout le monde a battu des mains en apprenant cet heureux choix.

La fidélité qui les lie l'un à l'autre les honore tous les deux et prouve que chez les hommes de finance le cœur aussi tient une place prépondérante.

Signes particuliers : Causeur charmant, affectionne la conversation des femmes et est adoré de son personnel duquel il exige pourtant un labeur considérable et une exactitude militaire.

Adore la mer et bien que directeur du « *Foncier* » est un des fervents du « *Yacht-Club* » de France.

GEORGES LAGUERRE

Hier, c'était Cahu ; aujourd'hui, c'est Laguerre ! (— Jungle, mon ami, je voudrais te voir passer cette manie du calembour qui finira, sans que tu t'en doutes, par te jouer un mauvais tour.)

D'autant qu'il est souverainement inconvenant pour un homme qui se pique d'originalité d'inciter la lâcheté contemporaine en blaguant les vaincus.

Et s'il en est un qui ait reçu les coups de pied de l'âne c'est bien celui-là.

J'ai vu, de mes yeux vu, ce qui s'appelle vu. des procureurs généraux et des premiers présidents se rouler à ses pieds au temps du boulangisme. Aujourd'hui, c'est à qui, parmi les derniers des avocats sans talent — ce qui est pire que d'être sans causes — tiendra à honneur de lui morsurer les talons.

Il en est de la vie politique comme des baromètres de bazar, dont l'aiguille marque toujours *variable*; allez donc demander la sécurité d'une seule belle journée à de pareils instruments!

Il convient, d'ailleurs, de lui rendre justice : tel je l'ai connu au cours de sa période glorieuse, mordant calme, avec cette belle et aimable insolence que donnent le courage et un réel talent oratoire, tel il est resté sous l'ondée, gardant une indifférence et une froideur vraiment dignes devant les mesquines vengeances de ces gens auxquels il avait causé une si belle frayeur, et plus j'ai été son adversaire à l'heure de la lutte, plus je me sens à l'aise pour lui rendre justice.

Comme il aura été combattu pour ses opinions, l'homme de lutte sera loué pour le courage qu'il aura apporté à les défendre.

Moins bruyant que Déroulède, plus crâne que Rochefort, c'était un beau tempérament ; il lui aura surtout manqué les événements qui lui eussent asuré un rôle incomparable.

Supposez un instant que le général Boulanger, à la fuite eût préféré la résistance et se fût présenté devant la Haute-Cour, Maître Laguerre aurait retrouvé là, dans ces circonstances, les accents héroïques de Berryer défendant le prince Louis-Napoléon devant la Chambre des pairs.

Le général s'il se fût emparé du pouvoir, eût pu, je ne dis pas régner longtemps, mais renverser, pour un temps, un gouvernement mal défendu, et celui qu'on avait coutume d'appeler l'enfant de chœur du Boulangisme en fût devenu le grand-prêtre.

Grand, assez mince alors, Georges Laguerre, bien qu'il ait pris aujourd'hui un certain embonpoint, est une physionomie de nerveux à la figure en lame d'épée, aux lèvres minces et froides, d'où la riposte sortait acérée et cinglante comme une flèche foudroyante d'un arc raidi à la dernière mesure.

Ayant fait preuve de sang-froid et d'audace dans les circonstances les plus passionnantes, il a toujours gardé une tenue et une correction qui devraient lui mériter le respect de ses adversaires s'ils avaient le souci de se respecter eux-mêmes. A, depuis la défaite de son parti, complètement abandonné la politique pour se consacrer à sa profession d'avocat qui suffit, d'ailleurs, amplement à son activité.

Se confond en excuses chaque fois qu'on veut lui faire narrer les étapes du boulangisme.

Signe particulier : A conservé les relations les plus cordiales avec ses anciens compagnons de lutte qu'il reçoit de la plus charmante façon en son hôtel de la rue Lafontaine et dans sa coquette *Villa du Chenil* au Vésinet où il se trouve le concitoyen du Ministre de l'Intérieur, **M.** Barthou.

EUGÈNE LAMBERT

Peut-être n'est-il pas inopportun, au moment où vient de se clôturer la brillante exposition des chats, si habilement organisée, en peu de jours, par notre confrère le *Journal* et par le Jardin d'Acclimatation, de mettre ici, sous le jour de l'actualité, la physionomie du grand peintre de la race féline : d'Eugène Lambert.

Il est aux matous gros et petits ce que le regretté de Penne était aux chiens de chasse ; il est leur portraitiste en titre, comme Baudelaire fut leur Homère.

Il n'est guère de toiles de lui où il n'ait chanté leurs exploits, soit qu'ils envahissent hardiment un domicile, soit qu'ils dégarnissent un buffet ou qu'encore, avec le sans-gène propre à leur façon de comprendre la vie, ils s'installent dans les fauteuils capitonnés du salon; et partout, et, dans toutes, Eugène Lambert y a fait preuve d'une science d'observation véritable.

Je le soupçonne bien parfois d'avoir prêté à ses modèles habituels un peu de sa malice à lui, mais tout de même, sans trop le chicaner là-dessus, avouons qu'il n'a pas rendu la race féline trop antipathique, même quand elle appartenait à la maison d'un homme comme Richelieu.

On connaît, en effet, son merveilleux tableau du Salon de 1878 intitulé : « Les chats du cardinal de Richelieu ». Il est, avec « Une horloge qui avance », parmi les grands succès d'une carrière brillamment remplie.

Les titres mêmes de ces toiles en font prévoir tout l'amusement. Ecoutez un peu : « Un orage qui gronde », « En famille », « Place enviée », « Enva-

hissement de domicile », « Repas interrompu »,
« Convoitise », « Pendant l'office ».

Elève de Delacroix, M. Louis-Eugène Lambert a
débuté au Salon de 1852 par un « Intérieur d'étable »
très remarqué.

Cela, m'a-t-il dit un jour, ne me rajeunit guère.
Que le sympathique et grand artiste me permette
de lui dire qu'il faut avoir cette date devant les yeux
pour s'en convaincre.

Très vert, en effet, actif et sans cesse au travail,
Eugène Lambert est une des figures les plus intéressantes de notre monde artistique. Avec son
visage de soldat, ses yeux ronds vous regardant
bien en face, la moustache blanche effilée, on dirait
d'un grenadier en demi-solde, un demi-solde de
Georges d'Esparbès.

Affable cependant et d'accent charmant, même
pour les journalistes qui viennent interrompre sa
conversation avec ses chats, M. Lambert mérite à
tous égards les nombreuses sympathies qu'il a su
se concilier dans la Société parisienne et dont ce
petit instantané n'est qu'un faible écho.

Signe particulier : Très entouré aux Cercles *Littéraire et Artistique* et de l'*Union artistique*, où
sa belle humeur est proverbiale.

ALPHONSE LANGE

Colonel du 1er coulissiers. La tournure, le visage,
la barbiche et la moustache d'un officier supérieur
qui aurait momentanément endossé la redingote.

La figure longue et un peu maigre, la parole
brève, l'œil du maître.

Quand il parle a toujours l'air de téléphoner et
l'orsqu'il signe de toucher une pile électrique.

Avec cela d'une vive perspicacité, arbitre du

bon sens dans toutes les combinaisons financières, d'une loyauté impeccable à laquelle ses adversaires eux-mêmes rendent hommage lorsqu'ils se passent ce mot: « Lange l'a dit »; il est un des représentants de la vieille école où toute affaire est traitée, mûrie et étudiée diplomatiquement où rien n'est laissé au hasard.

Associé avec M. Simon Teutsch dont on trouvera la silhouette un peu plus loin, il a fait de la maison de banque de la rue Chauchat, incontestablement la première du marché libre de Paris.

Ses grandes qualités d'esprit et de cœur, dissimulés parfois sous un caractère un peu brusque et une attitude un peu trop militaire lui ont valu néanmoins l'estime et la confiance de tous ses collègues de la Bourse qui ont été unanimes à le choisir pour leur représentant et l'ont chargé de la défense de leurs intérêts.

Il est juste d'ajouter, quels que soient les critiques qu'on puisse adresser à toute œuvre, qu'il s'acquitte de cette tâche avec une énergie et un désintéressement véritables.

En somme une des physionomies marquantes de la finance et au point de vue mondain un très affable homme de cœur malgré de passagères lubies.

Signe particulier;

Professe pour les journalistes la même horreur que le légendaire chef d'escadron de *Mamz'elle Nitouche* professait pour les civils.

ALBERT LEBEL

De taille élevée, âgé de quarante-cinq ans environ, portant en fer à cheval une barbe légèrement grisonnante; mis avec élégance, tel est Alfred Lebel, figure sympathique entre toutes parmi les

membres les plus anciens et les plus influents de
la Bourse.

Celui dont je parle, fut désigné pendant de nombreuses années par la confiance de ses collègues
pour étudier au sein du Comité de Paris, les
mesures de réglementation de ce grand marché.
C'est ainsi que l'on pouvait voir dans le groupe, les
jours de liquidation, Alfred Lebel entouré de tous
ses collègues attentifs, auxquels il dictait à haute
voix les « cours de compensation » de toutes les
valeurs traitées ainsi que tous les cours de
« reports » pratiqués pendant la séance.

Alfred Lebel a toujours su s'acquitter avec un
tact parfait de ses fonctions délicates, satisfaisant
tout le monde et répondant avec concision et ama-
bilité aux multiples demandes de renseignements
dont il était régulièrement et périodiquement
assiégé les jours de la liquidation.

La maison qui porte son nom, associé à celui de
M. Ponselle, est l'une des plus anciennes de la
place de Paris et fut toujours au premier rang de
concert avec la haute banque au moment des
grandes émissions. On peut dire qu'Alfred Lebel
mérite à tous égards l'hommage que l'on doit à
ceux qui ont contribué le plus à la grandeur et à
la prospérité des finances de notre pays.

ÉDOUARD LEBEY

Directeur de l'Agence Havas.

Grand, mince, la rosette de la Légion d'honneur
à la boutonnière, gentleman à la correction impeccable, confrère charmant et obligeant entre tous,
le plus myope des hommes après Aurélien Scholl,
puisque le caniche n'en est pas un.

Conduit son importante entreprise avec une

sûreté de main et une maestria merveilleuses.

Renseigner la presse de son pays avec tact et précision, scruter la vérité, la dépouiller des scories du parti pris politique et savoir l'emporter, comme jadis Orphée, Eurydice, par-dessus le mauvais vouloir et les falsifications intéressées des gouvernements étrangers n'est point, en effet, chose aussi facile qu'on se pourrait l'imaginer : cela suppose non seulement une sûreté d'informations inattaquable, mais un flair tout particulier et une attention toujours en éveil.

L'Agence Havas qui réalise aujourd'hui ce que les anciens avaient imaginé d'appeler la Renommée aux cent bouches a pris à notre époque des proportions considérables.

Le jeune et vaillant directeur qui se trouve à sa tête n'a pas cessé de lui consacrer tout son temps et toute son intelligence.

Né dans cette aristocratie républicaine qui, au début du régime actuel, comptait les Gambetta, les Ferry, les Challemel-Lacour, etc., Edouard Lebey, bien qu'il n'ai jamais pris parti dans nos luttes politiques, les a toutes suivies avec intérêt, refusant les postes les plus élevés et les dignités les mieux méritées pour se consacrer exclusivement à l'Agence Havas où — c'est lui-même qui le raconte avec une charmante bonhomie — il débuta aux appointements de 125 francs par mois.

Aujourd'hui à la tête d'une grande situation de fortune dont il fait l'usage le meilleur, il n'a pas voulu abandonner d'un jour et d'une heure la direction personnelle de sa maison, se reposant du souci des affaires dans les plaisirs de la chasse à courre pour laquelle il a une prédilection toute particulière et pour laquelle il a, de concert avec MM. Menier, loué la forêt de Villers-Cotterets.

Aimé de tous dans la presse, considéré par tous ceux qui font partie de la corporation comme un des plus séduisants confrères, il est adoré de son personnel auquel il n'a cessé de témoigner une affection toute paternelle, si le mot appliqué à un homme si jeune, ne constituait pas une invraisemblance.

Signe particulier : Président de la Société nationale d'escrime. Un des tireurs les plus habiles et les plus redoutés.

N'admet pas que les femmes étudient l'escrime pour cette raison que la femme, adversaire, ne saurait être touchée, même avec un fleuret.

Malgré cette galanterie toute moyennageuse, est un des membres actifs de l'Automobile-Club.

ALBERT LE DENTU

Un fils de la Normandie.

Cinquante-six ans, depuis juin dernier, la tête énergique, aux traits nets et accentués, la barbe frisée, les cheveux un peu épars, la prunelle mobile, le front haut et découvert, une cravate marine, maintenue par un col rabattu, tandis qu'une toute petite rosette d'officier de la Légion d'honneur orne le revers de la jaquette ; affable malgré la sévérité de l'aspect général, bienveillant entre tous pour ses internes et ses jeunes confrères, tel apparaît, en sa clinique de l'hôpital Necker, M. le docteur Albert Le Dentu, chirurgien des hôpitaux, professeur à la Faculté et Membre de l'Académie de médecine.

Sa carrière ?

Aussi rapide que brillante :

1862, interne des Hôpitaux ;

1867, prosecteur à la Faculté ;

— 132 —

1869, agrégé de Chirurgie ;

187 -71, chevalier de la Légion d'honneur (Ambulances);

1872, chirurgien des Hôpitaux ;

1889, professeur à la Faculté ;

1897, officier de la Légion d'honneur.

On ne peut, à la vérité, souhaiter une plus belle série de succès dans la vie d'un homme, mais ces succès n'ont suscité autour du docteur Le Dentu aucune jalousie.

D'une habileté de main merveilleuse alliée à un sang-froid imperturbable, il est un des chirurgiens les plus estimés de Paris.

Modeste et bon, fuyant le bruit et la réclame, détestant la politique il s'est consacré tout entier à l'étude et au soulagement de ses malades.

ALBERT LE DRU

Très brun, très corpulent, la moustache épaisse, le visage rond et plein, dont l'ensemble et le teint un peu rosé dénotent une santé de fer ; la mise soignée, l'aspect général d'un officier de cavalerie qui aurait pris la tenue civile, tel est Albert Le Dru.

Se tient en Bourse, au marché en Banque, de préférence, à proximité de l'endroit où se négocient spécialement les actions des grandes Sociétés d'assurances.

Le Dru, qui est déjà un ancien de la Bourse de Paris, bien qu'il soit encore jeune, a été autrefois l'associé de Heintz et de Ozanne pour les opérations au comptant, et a fait de nombreuses transactions sur ce marché qui lui est le plus familier, et où il a passé la plus grande partie de sa carrière déjà longue d'homme de finance.

Aujourd'hui établi seul en nom, Albert Le Dru

est membre du Syndicat des Banquiers en valeurs. Surveille avec soin les nombreux commis qui représentent son importante maison dans les différents groupes de la Bourse. Le Dru est, du reste, l'homme de Bourse par excellence ayant la prescience des fluctuations probables et sachant engager sa grande clientèle dans le bon sens, dans la « note » du marché.

Signe particulier: Adore la campagne et n'est jamais aussi heureux que lorsqu'il reçoit ses intimes, sans cérémonie, mais avec une parfaite galanterie, en son coquet château de La Mesnie-Mesnil, à Augerville-la-Rivière, dans le Loiret, où Mme Albert Le Dru est la bienfaisante fée de cette jolie contrée.

ARMAND LÉVY

Très répandu, depuis plus de vingt années dans le monde spécial de la Bourse où il se meut avec une activité fiévreuse doublée d'une habileté issue de la plus grande expérience des affaires.

De taille au-dessus de la moyenne, les cheveux et la moustache chatain clair. — A conservé malgré ses quarante ans la souplesse de la vingtième année et a combattu avec succès l'embonpoint.

Fort élégant, variant ses toilettes à l'infini, ne portant jamais deux jours de suite le même complet. — Avec cela, très boulevardier, l'œil ironique dans un profil bien parisien, tel est retracé en quelques mots le portrait d'Armand Lévy.

Un maître en matière d'informations financières. S'agit-il d'un événement politique important, d'une nouvelle financière destinée à faire sensation, Armand Lévy est aussitôt entouré en Bourse par la plupart de ses confrères et des grands banquiers

8

qu'il renseigne avec empressement et surtout avec la plus grande précision.

A collaboré jadis à la grande presse parisienne puis s'associa avec Gaul'.

Aujourd'hui, seul en nom, il est membre du Syndicat des banquiers en valeurs et en rentes françaises. Possédant les relations les plus vastes, très appuyé par la haute Banque, Armand Lévy traite journellement de nombreuses affaires et son crédit est indiscuté en Bourse

Signe particulier : Ne manque jamais une première. Le cauchemar de son confrère Zadocks aux guêtres blanches duquel il fait concurrence.

JUST LUCAS-CHAMPIONNIÈRE

Avenue Montaigne, dans cet admirable quartier des Champs-Elysées, tout rempli de somptueuses demeures, sous les marronniers où Alphonse Daudet prétendait que le cheval du médecin de Morny avait plus d'aise à promener son maître, réside un des maîtres de la science médicale, égal aux plus grands par l'érudition et par l'esprit, j'ai nommé le docteur Just Lucas-Championnière, membre de l'Académie de médecine.

Né à St-Léonard, dans l'Oise, *assez loin de Paris pour n'en plus percevoir le bruit, assez près pour y songer toujours*, le docteur Lucas-Championnière est aujourd'hui âgé de 52 ans.

La physionomie est douce et sympathique, la tête très belle qu'éclaire un sourire un peu sceptique a blanchi depuis quelque temps, mais conserve un air de toute première verdeur.

Interne des hôpitaux de Paris en 1866, lauréat en 1869, docteur en 1870, il fit toute la campagne de 1870 dans une ambulance de la Société de secours aux blessés. Nommé chirurgien des hôpitaux de Paris en 1874, il fut successivement chirurgien de la Maternité, de Cochin, de l'hôpital Tenon, de l'hôpital Saint-Louis, et enfin de l'hôpital Beaujon où il est actuellement.

Dans ces différents services, il a constamment travaillé à développer et à démontrer la chirurgie antiseptique qu'il a inaugurée en France et qui a si profondément modifié la science chirurgicale, en supprimant la plupart des causes de mortalité, et en permettant des opérations auxquelles la chirurgie ancienne n'avait jamais songé.

Il a, le premier, montré que les mêmes procédés appliqués aux accouchements devaient faire disparaître la fièvre puerpérale qui décimait les femmes dans les maternités et au milieu des grandes villes. Les accoucheurs qui ont suivi la voie qu'il avait tracée ont transformé les maternités, si meurtrières autrefois en asiles plus sûrs pour la patiente que les appartements les plus riches et les mieux pourvus.

Ses ouvrages les plus connus sont :

Lymphatiques utérins et lymphangite utérine (1870 et 1875).

De la fièvre traumatique (1872).

Chirurgie antiseptique, deux éditions (1875 et 1880) traduites en plusieurs langues (anglais, espagnol, russe).

La trépanation guidée par les localisations cérébrales (1878), ouvrage couronné par l'Académie de médecine. Prix Amussat 1880.

Cure radicale des hernies (1886 et 1893) ouvrage couronné par l'Institut. Prix Montyon à l'Académie des sciences 1893.

Traitement des fractures par le massage 1887 et 1895.

Le Dr Lucas-Championnière a, en outre, été président de la Société de chirurgie dont il est resté membre actif depuis vingt ans.

C'est assez dire que sa valeur est appréciée de ses pairs qui lui ont ainsi rendu un éclatant hommage.

Membre d'un grand nombre de sociétés savantes françaises et étrangères, le docteur Championnière est officier de la Légion d'honneur et titulaire de nombreux ordres étrangers.

Éloigné par parti pris des luttes stériles de la politique, il s'est tout entier adonné à cet art admirable de la chirurgie, dont les incessants progrès sont l'étonnement du monde.

Causeur charmant, homme du monde fréquentant chez la société la plus *very select* de Paris, il compte des amitiés dans tous les rangs et dans tous les partis.

Signe particulier: Le médecin attitré et le défenseur le plus autorisé de la bicyclette devant l'Eternel médical,

BERTRAND LUST

Au nombre de ceux dont j'ai pris souvent sans leur permission, des instantanés, je ne veux pas omettre le sympatique Bertrand Lust l'un de nos coulissiers les plus anciens à la « feuille des valeurs » un homme sérieux s'il en fut et aussi aimable dans la vie privée qu'il est habile à conclure les affaires.

De taille moyenne, replet, l'œil vif et spirituel, le visage plein, orné d'une barbe soignée au petit fer, portant de préférence la correcte redingote, tel est

Bertrand Lust, gentleman dans toute l'acception du mot.

Fut très longtemps l'associé de son ami Furth avec lequel il sut prendre un rang très important au marché de la coulisse de Paris où la maison qui avait la raison sociale de Furth et Lust fut longtemps prospère et continua à jouir d'un premier crédit.

Aujourd'hui seul à la tête de lr maison qui porte son nom celui que je silhouette à cette place passe à la Bourse pour un homme intelligent intègre et doué du sens pratique des affaires.

Courtois et affable avec ses confrères autant qu'avec sa clientèle, Bertrand Lust est de ceux qui traitent le plus d'affaires à Paris pour le compte des banquiers et agents de change de l'étranger ce qui permet d'affirmer qu'on lui doit une part de reconnaissance parmi ceux qui ont contribué à la grandeur et à la prospérité du marché financier français.

Signe particulier: ne plaisante jamais en Bourse, mais se réjouit volontiers d'une bonne blague faite sous ses yeux dans le groupe des Mines ou de l'Extérieure.

JOSEPH MAGNIN

Un des quatre Vice Présidents du Sénat, Gouverneur honoraire de la Banque de France.

N'était déjà pas un inconnu lorsqu'il fut nommé à la direction de ce grand établissement en 1881.

Député de l'opposition sous l'Empire, ancien ministre de l'agriculture et du commerce dans le gouvernement de la Défense nationale, c'est lui qui avait pourvu avec tant de sang-froid et d'énergie

8.

à l'approvisionnement des Parisiens pendant le siège.

Ce n'était pas gai alors et l'on n'avait point coutume de se montrer difficile sur le menu.

Le vaillant ministre donnait l'exemple de la frugalité en même temps que celui du travail acharné.

Confiant sans doute dans les admirables ressources du pays, il ne désespéra, à aucune heure, de son relèvement.

Ses compatriotes de la Côte-d'Or, où son père était maître de forges, l'en récompensèrent en l'envoyant siéger le 8 février 1871 à l'Assemblée nationale.

Elu par cette dernière assemblée sénateur inamovible, M. Magnin n'a cessé d'apporter au Sénat dont il est aujourd'hui vice-président, le concours de son talent de parole et de sa grande connaissance des affaires financières et, mis en demeure d'opter entre son mandat de sénateur et sa situation de gouverneur, il a préféré l'honneur et le devoir à la prébende si légitime qu'elle fût.

Grâce à lui et à des collaborateurs comme MM. Delmotte et Billotte, qui sont au suprême degré des laborieux et des tenaces.

Tenaces fortuna juvat

la Banque de France n'a fait que prospérer et a inspiré au crédit public une confiance telle, qu'il y aurait à la fois de la témérité et de l'injustice à ne pas lui confier à nouveau son privilège.

L'homme politique et l'homme privé valent, pour la droiture et la fermeté, le financier.

Tous les Parisiens qui fréquentent dans le monde officiel connaissent la belle tête du gouverneur, aux traits accentués, dont le visage est encadré de longs favoris et dont les yeux reflètent la bienveillance.

Homme du monde impeccable, en relations avec tout ce qui porte un nom à Paris, dans l'aristocratie, les arts et la finance, M. Magnin recevait dans ses appartements de la rue de la Vrillière avec une parfaite bonne grâce, aidé dans cette tâche par Mme et Mlle Magnin.

Signes particuliers : Musicien émérite, ami intime de Massenet, dont la plupart des œuvres ont été exécutées à la Banque de France.

Journaliste de valeur, a, pendant quelques anneés, dirigé le journal le *Siècle* auquel il avait su donner l'empreinte de sa confiante énergie.

Se repose des fatigues de ses fonctions au château de Beuzevillette près Bolbec où il passe ses vacances avec son fils, magistrat distingué, conseiller référendaire à la Cour des Comptes.

EDOUARD MARTELL

Le sourire fait homme.

Le front haut et découvert, le visage rasé, à l'exception de courts favoris blancs à l'anglaise, très coquet dans sa tenue, affable et bienveillant entre les plus bienveillants, Edouard Martell était adoré dans son petit pays de Cognac — où tous les Martell sont aimés — mais n'avait jamais songé à la politique, lorsque le 27 juillet 1890, on lui fit comprendre que sa place était au Sénat, où il vint remplacer le général Gresley.

Homme de sens supérieur, ayant appris le maniement des affaires économiques à la tête de la plus importante maison de commerce qui soit en

France, il était conseiller général du canton de
Cognac depuis 1871 et président de la Chambre de
commerce.

Comme à tous les hommes qui ont fait du travail
le but de leur existence, les faciles succès de la
politique n'avaient jamais rien dit qui vaille.

Venu au Parlement pour satisfaire aux volontés
de ses concitoyens, M. Martell y a suivi, depuis
sept ans, une politique de modération, de haute
probité et de constance dans les vues générales qui
n'a fait qu'accroître à son endroit l'affection de
ses compatriotes.

Je n'ai pas vu l'honorable sénateur depuis...
vingt ans, c'est dire que j'étais enfant quand je lui
fus présenté au buffet d'Angoulême, dont mon père
était alors concessionnaire et où cet homme aimable
m'offrit plus d'une fois des brioches acceptées,
cela va sans dire, avec entrain.

Je suis allé depuis dans les Charentes et j'ai pu
me rendre compte que les sympathies de la population entière, sans distinction d'opinions politiques, étaient restées, comme en 1871, acquises à
l'homme si bon et si cordial que je *silhouette*
aujourd'hui.

Martell (Jean-Constantin-Edouard) est né à
Cognac, le 17 février 1834, et y a fait ses études.

Adonné de bonne heure au travail, il entra dans
la maison de commerce fondée par son père et à
laquelle il devait donner un si grand essor.

Libéral et indulgent, aimant l'ouvrier dont il n'a
jamais fui le contact et dont il apprécie les qualités
de courage et de naïve honnêteté, il a fondé pour
ses employés une Société de secours et d'assistance modèle et a prêté le concours de son activité, de sa haute influence et de sa bourse à toutes

les œuvres philantropiques qui sont écloses autour de lui.

En résumé, un homme de bien, ferme dans ses amitiés, d'une grande modération dans les opinions mais d'un rare courage à les défendre.

Est-il au Parlement ou dans la vie publique beaucoup d'hommes dont on puisse en dire autant?

Signe particulier : Déguste volontiers un verre de Martell au Cercle de la rue Royale.

ERNEST MAY

De tenue toujours froidement correcte qui contraste avec le visage souriant et le geste bon enfant, accueillant les visiteurs en son cabinet de la rue Saint-Georges avec cette affabilité exquise qui met à l'aise, homme pratique, ne lésinant jamais, devinant une combinaison financière avant qu'on ait eu le temps de l'exposer entièrement, tel est M. May, un des financiers les plus sympatl iques, un des hommes les plus distingués de la société parisienne.

Adoré de son personnel pour lequel il a une bienveillance toute paternelle et auquel il peut demander les plus forts coups de collier, aidé, d ailleurs, dans sa tâche par des collaborateurs qui sont loin d'être les premiers venus; ayant près de lui un conseil d'administration composé des noms les plus considérables de la finance, M. May a su faire du grand établissement de crédit de la rue Saint-Georges un de ceux qui inspirent le plus de confiance aux capitalistes et sont les plus capables de rendre service à l'épargne.

Je dirai dans un autre ordre de chroniques les

services financiers rendus par la Banque internationale; ce que j'ai voulu, en ces courtes lignes, c'est rendre ici hommage à celui qui la dirige avec tant de dévouement et d'habileté.

Préparé à sa tâche par de fortes études financières, ayant étudié l'économie politique avec une réelle curiosité, M. May est un homme d'une instruction supérieure admirablement doué pour faire de bonnes finances.

Avec cela gentleman accompli, il reçoit avec Mme May en leurs beaux salons de l'Avenue Villiers et au château de la Couharde, en Seine-et-Oise, tout ce qui porte un nom dans le monde des arts et de la finance.

Signe particulier : Adore le théâtre où on peut le voir à toutes les grandes premières intéressantes.

Professe pour son frère, M. Joseph May, lui aussi financier distingué, la plus touchante et la plus affectueuse admiration.

ADRIEN MAZERAT

Directeur du Crédit Lyonnais, vient d'être promu, cette année, officier de la Légion d'honneur.

De taille moyenne, nerveux, irritable même dans les petites choses, mais gardant un merveilleux sang froid dans le maniement des intérêts supérieurs qui lui sont confiés, a trouvé moyen de réunir en sa personne ces deux types différents du *lève-tôt* et du *couche-tard* que notre pauvre Saint-Genest, aujourd'hui miné par la maladie avait si humoristiquement caractérisé dans une spirituelle page du *Figaro*.

Travailleur insoucieux de la marche de l'aiguille sur le cadran, M. Adrien Mazerat a donné sa vie à la grande institution de crédit qu'il dirige comme le mineur donne sa vie à la mine, le soldat à son pays et le laboureur à la terre.

Sous la haute présidence de M. Henri Germain et d'administrateurs qui, comme MM. Brôlemann et René Brice, sont les plus méthodistes financiers qui soient, le Crédit Lyonnais a pris un développement tel que sa direction intérieure équivaut à celle d'une petite république.

J'assistais l'année dernière à la visite que firent le vice-roi de Chine et sa suite au grand établissement et rien n'était plus curieux ni plus amusant que l'émerveillement de ces orientaux en présence des mille rouages de cette maison qui est au crédit public — suivant l'expression imagée d'un confrère — ce que sont au commerce le *Louvre* ou le *Bon Marché*.

C'est donc une juste récompense que celle qui vient d'être décernée à l'homme qui apporte toutes ses facultés intellectuelles à la direction d'un tel établissement, et tous ceux qui ont été en relations avec M. Adrien Mazerat applaudiront de grand cœur à la décision gouvernementale.

Signe particulier :

Fait volontiers une visite au Cercle des chemins de fer où il rencontre de nombreux intimes.

JULES MÉLINE

L'homme qui depuis qu'il occupe le pouvoir semble avoir chaussé les sandales de Gambetta et de Ferry a trop fait pour le paysan français pour qu'il soit nécessaire de le rappeler en ce court portrait.

Qu'il s'agisse d'honorer l'art de l'agriculture,

pour lequel il fonda un ordre spécial, ou de défendre le fruit de son labeur par une protection sage et raisonnée, toujours et partout M. Méline est sur la brèche, mettant au service de cette grande cause une réelle et supérieure habileté, un talent oratoire sobre mais incisif, et par dessus tout cette probité politique qui a donné à ses actes comme à ses paroles le reflet et l'accent de sincérité sans lesquels il n'est pas possible de persuader et de vaincre.

Né à Remiremont, non loin de cette ligne bleue des Vosges où suivant une expression désormais célèbre on entend venir à soi la plainte des vaincus, M. Jules Méline débuta au barreau, et fut adjoint au maire du 1er arrondissement de Paris après le 4 septembre.

Elu membre de la Commune, ce qui prouvait sa popularité, mais aussitôt démissionnaire, ce qui prouvait son sang-froid, il fut élu en 1872, député des Vosges et depuis n'a pas cessé de faire partie de la Chambre des députés.

Sa carrière politique est une des plus belles et des mieux remplies qu'il soit possible de donner en exemple.

Choisi comme sous-secrétaire d'Etat à la justice en 1876, dans le cabinet Jules Simon, ministre de l'agriculture dans le cabinet Jules Ferry (le plus long ministère depuis 1870), il fut en 1888 nommé président de la Chambre, et dans ces hautes et délicates fonctions il a su conquérir les sympathies de ses adversaires mêmes.

Voici deux ans qu'il occupe le pouvoir accepté dans des conditions particulièrement difficiles et il semble qu'au fur et à mesure que les difficultés ont grandi sousses pas, il ait trouvé dans son âme de patriote l'énergie et la force qui lui ont permis de les surmonter.

Affable et obligeant entre tous, recevant avec une simplicité et une noble franchise qui lui ont conquis tous les cœurs, il a su s'entourer de collaborateurs dignes de lui, tels que M. Mersey, inspecteur des forêts, son vaillant chef de cabinet dont il m'est particulièrement agréable de louer ici l'exquise urbanité, et M. de Meur, son secrétaire particulier et ami, avocat distingué du barreau parisien.

Signe particulier : Fondateur de l'ordre du Mérite agricole dont il fut fait officier lui-même par un de ceux qui lui succédèrent après son premier Ministère de l'Agriculture.

PHILIBERT MÉLIODON

Administrateur du *Crédit Foncier de France* et du *Comptoir National d'Escompte*.

Après de fortes études juridiques et économiques, reçu docteur en droit à une époque où ce grade se conférait moins facilement qu'aujourd'hui, M. Méliodon se consacra tout entier à l'administration financière.

On sait avec quelle magistrale habileté 'l a occupé, pendant de longues années, le poste de secrétaire général du Crédit Foncier, qu'il ne quitta qu'au départ de M. Albert Christophle, tout en conservant les fonctions de membre du Conseil d'administration.

Le gouvernement de la République a tenu à reconnaître publiquement les éminents services rendus par M. Méliodon, en le faisant successivement chevalier, puis officier de la Légion d'honneur.

Collaborateur et ami dévoué du grand gouverneur, il prit part à toutes les affaires traitées par lui avec le succès que l'on connaît.

Les Bons de l'Exposition, les prêts aux communes et tant d'autres choses furent par lui organisées et mises au point avec une incomparable maëstria.

Mais ce n'est pas seulement au sein du Crédit Foncier que ses avis et sa grande expérience sont mis à profit : le Comptoir national d'Escompte a tenu à s'assurer les services du distingué financier en lui réservant une place au sein de son conseil d'administration.

Au physique, de taille moyenne, portant seulement une moustache poivre et sel, l'œil vif, le geste aimable, recevant avec Mme Méliodon, née de Montigny, en leur bel hôtel de la rue de Lille dont les fenêtres donnent sur le boulevard Saint-Germaia, tout ce que Paris compte d'illustrations, très épris des choses d'art, amateur en diable de bibelots exotiques, l'homme le meilleur et le plus serviable qu'il se puisse rencontrer, telle est, esquissée en ces courtes lignes, la silhouette de Philibert Méliodon dont le profil bien connu semble se détacher encore sur les tentures de son cabinet du vieil immeuble de la place Vendôme.

EMILE MÉNIÈRE

« Les chemins montagneux seront aplanis, les aveugles verront et les sourds entendront. »

Ce n'est que la veille du dernier jour du monde

que de pareils miracles se doivent produire au dire de l'Evangile, et cependant ils sont en train, au moins en ce qui concerne les sourds, d'être réalisés par des hommes qui, comme le docteur Emile Ménière, ont élevé leur art à la hauteur du merveilleux.

Comment, d'un homme que le bourdon de Saint-Sulpice n'agace pas et qu'un coup de canon n'émotionne point, arrive-t-on à faire un autre homme distinguant à trente centimètres du tympan le tic-tac d'une montre de femme ?

Quelle somme de travail et de patience le célèbre auriste a-t-il dû fournir pour arriver à voir clairement dans les dédales les plus obscurs de la tête de ses patients, au moyen d'une simple sonde munie d'une minuscule lampe électrique ?

Comment arrive-t-il enfin à nettoyer, à l'aide d'un mignon soufflet, les trompes d'Eustache, ces conduits incertains qui, passant sous les yeux, vont rejoindre le canal auditif ?

A d'autres de l'expliquer... s'ils peuvent.

Ma tâche à moi est moins difficile et partant plus agréable : elle consiste à présenter au lecteur le docteur Emile Ménière, un des hommes les plus aimables et le causeur le plus charmant de ce monde médical parisien qui, cependant, en compte tant.

Elève de son père, lui aussi auriste célèbre et dont le nom n'est point inconnu des historiens chez lesquels [ses *Mémoires de la captivité de la duchesse de Berry* éveillèrent, en leur temps une vive curiosité, l'aimable et savant praticien dont je donne aujourd'hui la silhouette bien incomplète, a eu pour maîtres à ses débuts des hommes qui portaient les noms les plus illustres de la science moderne. Nélaton, Trélat, Demarquay et Becque-

rel ont été ses professeurs et lui ont enseigné cet
art si délicat de la clinique ontologique qu'à peine
on peut en compter à Paris deux ou trois représentants autorisés.

Médecin des Sourds-Muets de Paris, médecin
auriste des maisons d'éducation de la Légion
d'honneur, de la Compagnie de l'Ouest et du Ministre — oh! pardon, — du Ministère de l'Intérieur,
président de la Société ontologique de Paris, le docteur Ménière, malgré ces multiples et absorbantes
fonctions, a encore trouvé le moyen de publier de
nombreuses brochures, dont quelques-unes contiennent sur la partie de l'art médical où il s'est
spécialisé, de véritables révélations.

Musicien distingué, applaudi de tous, il est choyé
des salons parisiens pour l'agrément de son commerce et la distinction de son caractère. D'humeur
toujours égale, serviable, pratiquant la bienfaisance
sans ostentation, très charmeur, il a épousé Mlle
Nérin, femme d'esprit et de cœur élevés, qui a fait
de son salon, en l'exquis appartement de la place
de la Madeleine, le rendez-vous select de tous ceux
qui ont gardé les vieilles traditions de notre race
et aiment la conversation des gens d'esprit.

Signe particulier : Membre de l'Académie... de
boxe — j'ai bien dit, — capable, en cette dernière
qualité, de vous défoncer le thorax avec la même
dextérité qu'il apporte à vous *nettoyer le tympan.*

ANTONIN MERCIÉ

Le chantre des héros vaincus est un petit homme
trapu, à l'allure vive et nerveuse, qui vous reçoit
en son vaste atelier du boulevard Saint-Michel,
avec une parfaite bonne grâce, vous recommandant

d'être discret et de baisser les yeux si un jeune
modèle est en train de poser dans sa pure nudité.

Habite non loin de là, avenue de l'Observatoire,
un coquet hôtel d'artiste où Mme Mercié, née de
Simard de Pitray, reçoit avec une charmante affabilité tout ce qui, dans Paris, s'intéresse aux Arts
et à la Littérature.

Homme du monde accompli, l'auteur du *Gloria
victis* et du *Quand même*, cache sous son aspect
bourgeois les plus beaux enthousiasmes.

Nul n'excelle comme lui à faire passer dans l'âme
du public les frissons qui agitent la sienne, nul n'a
rendu la douleur humaine plus impressionnante et
plus vraie.

Allez contempler au Luxembourg le marbre intitulé le *Souvenir* et primitivement destiné à un
tombeau.

Vous verrez avec quelle compréhension supérieure de l'art, M. Antonin Mercié a présenté la
mélancolie de ce pur et doux visage de femme dont
la tête est adossée à la pierre sépulcrale.

Je n'ai pas à faire, ici, l'historique de l'œuvre
considérable de M. Mercié. Son *David vainqueur
de Goliath* a été tellement reproduit, à l'usage des
salons bourgeois, qu'il en serait devenu banal,
n'était le charme qui se dégage de la parfaite harmonie des lignes dans ce beau corps d'éphèbe.

Attelé depuis quelque temps au *monument de
Gounod*, Antonin Mercié vient de terminer son
œuvre digne de celui dont il avait mission de per-
pétuer les traits.

L'immortel auteur de *Faust* est entouré de
jeunes femmes, les héroïnes de ses créations :
Marguerite, Sapho et *Juliette* sont là qui rendent
hommage à celui qui chanta leur innocence, leur

séduction, leurs amours et jamais le marbre ne reçut plus de vie et de couleur,

Des hommes comme Antonin Mercié sont l'honneur d'une république.

Loin des rhéteurs et des vains discours ils marchent vers l'étoile qui illumine leur génie sans presque s'apercevoir des misères de la vie humaine.

Honorons-les pour la pureté de leur existence comme pour la joie qu'ils procurent, par leurs merveilleuses créations, à notre pauvre âme tourmentée.

Signe nouveau : Vient de remporter un succès général avec son beau monument de Mme Miolan-Carvalho au Père-Lachaise.

MAURICE DE MEUR

Aux côtés du Président du Conseil, un peu en arrière comme un officier d'ordonnance, l'escortant dans presque toutes les cérémonies, voire même à celles qui de temps à autre se célèbrent au Palais-Bourbon, un homme jeune, élancé, de tournure élégante, le visage affable, le ruban rouge à la boutonnière, sourit aux amis du ministre et s'approchant parfois de M. Méline, appelle son attention sur telle affaire dont un nouvel arrivant va l'entretenir, c'est M. Maurice de Meur, avocat à la Cour d'appel de Paris qui, depuis tantôt deux ans que le cabinet Méline *demeure*, est l'intime et fidèle chef de cabinet de la Présidence.

Comme son patron, pourrait-on dire justement, M. Maurice de Meur est un doux et un laborieux, Toujours le premier au travail, le dernier parti, il est de ces hommes consciencieux et actifs auxquels rien n'échappe et qui rendent tant et de si précieux service, quand ils sont placés, comme c'est ici le cas, près d'un chef auquel les unit une réelle sympathie de caractère et une véritable communion d'idées.

Lettré, causeur charmant, recevant avec Mme de Meur en son coquet appartement de l'avenue d'Antin, ses amis parisiens de façon si cordiale et si affable, M. de Meur a conquis dans la société républicaine d'unanimes sympathies.

Et que d'adversaires cependant ne semble-t-il pas qu'on doive se faire en de pareilles fonctions ?

Combien de candidatures à éliminer, de requêtes à éloigner doucement, de faveurs à promettre qui, pour une gratitude occasionnent cent rancœurs ?

Un de mes anciens préfets, auprès duquel j'étais resté quatre ans comme chef de cabinet, répétait volontiers à qui voulait l'entendre que le pire que des adversaires politiques puissent souhaiter à un préfet, était qu'il eût beaucoup de faveurs à distribuer par année, le nombre des mécontents augmentant à chaque faveur octroyée dans la proportion de cent pour une.

Places de facteurs, bureaux de tabac, palmes et mérites agricoles sont l'objet de telles convoitises en notre doux pays de France, qu'il vaudrait peut-être mieux que le gouvernement n'eut pas à les distribuer.

Je suis bien obligé cependant, de reconnaître que mon préfet exagérait un peu, car depuis qu'ils sont au gouvernement, des hommes comme MM. Méline et de Meur ont vu grandir, autour d'eux, les amitiés et le dévouement.

Ou bien s'il n'y avait pas d'exagération à présenter les faveurs comme dangereuses pour ceux qui les octroient, convenons que la situation qu'on s'est acquise à la rue de Grenelle, dénote une habileté merveilleuse et une rare connaissance des hommes.

Signe particulier : Adore la campagne et convie volontiers ses amis à sa coquette propriété des Algues près de Dieppe.

FERDINAND MEYER

Le monde de la finance est à l'ordre du jour, et sous les hautes colonnes du temple de Mercure se débattent les intérêts vitaux du pays.

Parmi les hommes auxquels leur labeur quotidien a valu l'estime générale et la confiance des capitalistes, saluons ici M. Ferdinand Meyer, une des personnalités les plus avenantes et les plus cordialement charmantes de la coulisse parisienne.

Très accueillant. D'une probité proverbiale, accessible aux plus humbles, malgré une situation de fortune considérable, donnant l'exemple du travail et l'honorant hautement chez les autres. Ferdinand Meyer est, au surplus, l'homme charitable par excellence. Son scepticisme est fait de générosité et son bon garçonnisme revêt un ton crânement aristocratique.

A conquis une place prépondérante, dès ses débuts, dans le groupe des rentes françaises et a su la conserver à tel point que les plus grands parmi les banquiers l'ont, plus d'une fois, chargé de donner le diapason, à la veille des émissions sur le marché des rentes.

On peut le voir, au jour des grandes assises, suivi à la Bourse, tel le prophète marchant sur la montagne, par tous les boursiers, se chuchotant aux oreilles, en un langage familial : « Ferdinand achète! » ou : « Ferdinand vend! »

Aujourd'hui, établi banquier en valeurs, Ferdinand Meyer est à la tête d'une des plus honorables maisons de la place dont le crédit et la solidité n'ont plus besoin d'être signalés.

Et dans cette marche rapide vers la fortune, qui lui a constamment souri, nulle jalousie, nulle inimitié, tant est grande l'aménité de l'homme, n'est venue troubler cette belle carrière.

Signe particulier : Bicycliste impeccable.

EUGÈNE MIRTIL

Trente-huit ans, brun, le visage barré d'une moustache épaisse, l'œil inquisiteur et quelque peu ironique, incessamment en mouvement derrière le lorgnon, bref une des physionomies les plus spirituelles et les plus intéressantes du monde de la Bourse.

D'une activité dévorante, Eugène Mirtil voit tout, s'enquiert de tout, allant d'un groupe à l'autre, cueillant une affaire importante comme on cueille un bouton de rose, avec une dextérité qui fait l'admiration des vieux de la vieille armée.

Qui mieux que lui sait prévoir et indiquer à l'avance la tendance du marché?

Avant tout autre et avant l'ouverture de la Bourse, il vous dira les cours d'ouverture de Londres, de Berlin, etc.

Aussi vous bâcle-t-il un arbitrage sur 500 Rio-Tinto entre Londres et Paris avec la rapidité électrique, avec la souplesse et l'adresse d'un maître inimitable en pareille matière.

9.

Souple, subtil, adroit, M. Mirtil est la plus parfaite incarnation de l'intuition financière.

Fils de ses œuvres, ayant débuté modestement dans la maison Léon Lener, où il n'avait pas tardé, d'ailleurs, à devenir le bras droit de ses chefs, il dirige aujourd'hui avec un art véritable, une expérience consommée, sa maison qui jouit d'un tout premier crédit sur la place de Paris.

Signes particuliers : Myope à ne pas distinguer un paquet de cent actions *De Beers* de quatre mille *Turc*, mais trop malin pour se tromper le jour du mouvement des titres en les levant ou en les livrant.

Habite place Saint-Georges en face l'hôtel du Libérateur du territoire.

BEPPINO MONTEFIORE

Le nom de Montefiore est des plus répandus dans la finance, tant à Paris qu'à l'étranger, et celui dont je retrace ici le portrait est l'un des descendants les plus sympathiques de la famille Montefiore dont le chef, enlevé à la fleur de l'âge, il y a quelques années, fut mon ami dans les groupes de la coulisse des valeurs sous le péristyle de la Bourse.

En traçant la silhouette de son fils aîné, je rends un hommage ému à la mémoire du père, qui légua à son fils le plus bel héritage qu'un père puisse léguer à ses enfants : l'exemple de la vie d'un homme de bien.

Beppino Montefiore est donc un enfant de cette grande famille de la Bourse, si peu connue du grand public. Brun, portant toute la barbe, âgé d'une trentaine d'années, le visage toujours souriant et affable, la mise élégante, l'extérieur d'un gentleman dans toute l'acception du mot, au point de vue moral le type du galant homme.

Tint pendant de nombreuses années le carnet de la maison Aghion sur le marché des rentes françaises, qui est sa spécialité et où il s'est fait un renom d'habileté et une situation enviable par son intelligence et son labeur incessant.

Actuellement, B. Montefiore est l'associé de Médéric Got, avec lequel il a fondé la maison inscrite sous ce nom au Syndicat des banquiers en rentes françaises.

Fait beaucoup d'affaires, flaire les fluctuations des rentes avec une sûreté et une précision peu communes.

Signe particulier : Sportsman et escrimeur distingué ; assista comme témoin le maître Pini dans son duel avec le fougueux Thomeguex.

EMILE MORIN

Une grande figure d'un homme modeste dans le grand commerce parisien.

Brun, replet, la mine fière et douce à la fois, parlant peu, écoutant avec affabilité, la mise simple, une ombre de ruban rouge à la boutonnière, il appartient à cette grande école de commerce que n'a cessé d'être la maison du « *Bon Marché* », depuis le jour où elle fut fondée par l'homme au cœur élevé et délicat que fut Aristide Boucicaut.

Quel bel exemple de droiture et de solidarité sociale donné par le grand établissement.

Il est le modèle du genre, non seulement au point de vue de la compréhension vraie du commerce moderne, mais au point de vue de la légitime rémunération du concours du travail si noblement associé, en cette occurrence, au capital. On comprendra, dès lors, pourquoi j'ai tenu à faire figurer dans cette première série de profils parisiens, celui d'un homme qui représente actuellement la plus grande maison de commerce de la capitale de France.

Soit qu'il préside le *Conseil des Ministres,* — assemblée mensuelle des intéressés, — soit qu'il administre de concert avec des hommes de valeur comme M. Narcisse Fillot, la grande maison de la rue du Bac, où qu'il reçoive en sa coquette demeure de la rue de Babylone tout ce qui porte un nom dans le haut commerce et la finance, Emile Morin, est avant tout et par-dessus tout un charmeur, par l'éducation, l'affinité des manières, et cette cordiale bonne grâce qui fait du directeur de la maison Boucicaut l'homme le plus accueillant du monde.

Si on voulait se donner la peine de répondre aux attaques des jaloux et des impuissants contre les grands magasins, quelle belle riposte il y aurait à faire en donnant en exemple, l'ordre, la fraternité et la solidarité qui règnent dans cette petite république.

Comme il serait aisé de démontrer les facilités de choix et l'avantageuse économie que le public des consommateurs y trouve! Mais ce n'est pas ici ma tâche.

La mienne se borne à présenter au public une physionomie sympathique entre toutes celles de l'éminent directeur de la maison que les Parisiens et les Parisiennes des deux rives connaissent bien et dont la modestie égale la haute situation.

Très éprise des choses artistiques, la maison de M. Morin a été pour plus d'un jeune artiste la maison du bon Dieu et sa générosité toujours en éveil, a été, pour beaucoup, un encouragement et un reconfort.

Il m'en voudra peut-être de l'avoir dit ici. Mon devoir d'écrivain tâchant de donner la physionomie complète de Paris était de passer outre.

Dans le journalisme il faut s'attendre à bien des inimitiés, si on veut renseigner le lecteur.

ALBERT DE MUN

Est entré à l'Académie dès le premier tour de scrutin, bien qu'il porte des cols rabattus. Il est vrai que ceux-ci ne pouvaient être un obstacle à l'Académie, puisqu'ils n'en ont point été un, pour M. Félix Faure à la présidence de la République.

Le profil du comte Albert de Mun est bien connu : grand, l'allure militaire, les cheveux en brosse, nne moustache brune soulignant le visage aux traits accentués, mais plutôt sympathiques ; toujours sanglé dans des redingotes qui ressemblent à des tuniques, tel est l'homme que sa foi religieuse, la pureté de sa vie et l'auréole de son grand talent oratoire ont fait surnommer le *pape laïque.*

Né à Lumigny (Seine-et-Marne), le 23 février 1841,

le comte Adrien-Marie-Albert de Mun, arrière
petit-fils d'Helvétius, et qui devait devenir le lea-
der du parti catholique français, se dirigea tout
d'abord vers l'armée.

Chacun se rappelle que, professant les doctrines
ultramontaines et devoué au *Syllabus*, il entreprit
à l'époque du 15 Mai, bien qu'il fût alors capitaine de cuirassiers en activité et même officier
d'ordonnance du gouverneur de Paris, une œuvre
active de propagande des cercles d'ouvriers, dont
il poursuivit la fondation dans des conférences qu'il
donna sur tous les points de la France.

Les protestations dont la presse libérale se fit
alors l'interprète obligèrent le ministre de la
guerre à inviter le comte de Mun à rejoindre son
régiment, mais il préféra donner sa démission, en
novembre 1875, et continuer ainsi qu'il le disait
un peu plus tard dans une profession de foi qu'il
adressa à ses électeurs « à défendre à la Chambre
les principes de la foi catholique ».

Depuis quelques années, le comte de Mun a
renoncé aux questions politiques pour se consacrer à la solution des problèmes sociaux. Il a prononcé dans cet ordre d'idées des discours remarquables et justement remarqués qui, avec les textes
des conférences dont nous venons de parler, lui
ont ouvert aujourd'hui les portes de l'Académie.

Qu'il reçoive ici, à cette occasion, les félicitations d'un homme qui restera pour lui un adversaire déterminé mais qui s'est toujours plu à
rendre hommage à l'homme privé et à l'orateur
dont le langage si pur et si littéraire méritait, à
tous égards, la récompense qui lui est aujourd'hui
dévolue.

SÉBASTIEN DE NEUFVILLE

On se rappelle le mot de mon vieil ami Martin Nadaud au Corps législatif sur les progrès de la construction à Paris : « Quand le bâtiment va, tout va. »

Si le mot est juste, il était naturel que l'industrie du bâtiment trouvât parmi les hommes de finance avisés le crédit qui lui était nécessaire.

Institué · ar deux lois qui datent des 24 mars et 4 juillet 1848, avec le concours et sous le contrôle du Crédit Foncier de France, cet établissement a été définitivement rattaché au Crédit Foncier lui-même par une loi du 26 mai 1860 et a maintenant son siège social, 21, rue des Capucines, à Paris.

Tout propriétaire qui veut construire soit sur un terrain nu, soit sur l'emplacement de vieilles constructions à démolir ou qui veut entreprendre des travaux d'amélioration ou de consolidation de bâtiments lui appartenant peut s'adresser au Sous-Comptoir des entrepreneurs, qui peut alors lui consentir des ouvertures de crédit et de comptes courants proportionnés à la valeur des garanties.

Ceci n'est que fort simple, mais ce qui fait l'intérêt tout particulier de cette institution, c'est la réduction au minimum possible des frais du contrat.

En effet, les frais d'un prêt hypothécaire consenti par un particulier, un notaire, une Compagnie d'assurances ou un établissement de crédit quelconque, s'élèvent en moyenne à 3 0/0, tandis que les actes du Sous-Comptoir étant exonérés du droit d'enregistrement de 1 25 0/0, (enregistrement au droit fixe et unique de 3.75, quelle que soit la somme empruntée), les frais de ses ouvertures de crédit sont peu élevés et peuvent s'abaisser jusqu'à 0.30 0/0, s'il s'agit d'une somme très importante. En s'adressant au Sous-Comptoir, les accrédités réalisent donc une grosse économie.

Aucune demande anticipée n'est faite pour ces frais qui sont prélevés sur le crédit, et le notaire du crédité est admis sans accroissement de frais à concourir aux actes de crédit avec le notaire du Sous-Comptoir.

Le taux d'intérêt pour Paris et la banlieue est de 4 0/0 sans commission d'aucune sorte.

Organisé sous la forme d'une société anonyme au capital de cinq millions de francs, le Sous-Comptoir est administré avec une méthode scrupuleuse et une grande habileté par deux directeurs, l'un nommé par le ministre des finances M. O. Saint-Prix, l'autre M. Sébastien de Neufville, dont j'ai déjà eu l'occasion de parler et qui compte parmi les hommes les plus distingués de la haute société parisienne.

Intelligent et actif, très érudit en matière financière, ne laissant rien au hasard, affable et courtois dans ses relations avec une clientèle qui augmente chaque jour, M. Sébastien de Neufville a fait du Sous-Comptoir des entrepreneurs une institution digne de son but, des services qu'elle a déjà rendus à l'industrie du bâtiment et de ceux qu'elle est appelée à lui rendre encore.

Signe particulier : Se délasse volontiers en prenant un cock-tail au Cercle artistique et littéraire.

ALFRED OUDIN

Encore un nom fort répandu dans la finance, car il signifie crédit.

Quarante-cinq ans, de taille ordinaire, très brun, d'une intelligence toujours en éveil, tel est Alfred Oudin.

Fit ses premières armes à la Bourse de Paris, il y a quelque vingt ans et fut le rouage le plus intéressant et le plus en vedette de la maison G. Lebel dont il devint le successeur tout désigné, il y a déjà nombre d'années.

Devenu chef de la maison de coulisse en rentes et valeurs, à laquelle il a donné son nom, Alfred Oudin put alors donner un libre essor à son activité, à son initiative et à l'esprit pratique des affaires, qualités qui sont innées chez lui.

Il a su s'entourer d'un personnel de choix; ses collaborateurs le suppléent admirablement et le représentent dignement dans les divers groupes du marché de Paris, car tous ont conscience de la valeur et de la dignité de leur chef et ont une mission qui n'est pas moindre, puisqu'elle consiste à négocier, à exécuter les ordres multiples de la maison Oudin.

Du reste, celui-ci ne dédaigne pas, dans les périodes d'effervescence, de payer de sa personne et de donner ainsi l'exemple; sa clientèle, triée sur le volet, s'est toujours trouvée satisfaite de la régularité et de la promptitude dans l'exécution des ordres.

Dans les périodes de grandes affaires, toujours sur la brèche, a pris plus d'une initiative heureuse, couronnée de succès immédiat.

Père de famille modèle, consacre tous ses loisirs

au foyer familial dont son fils, avocat distingué à la Cour d'appel de Paris est la joie et le rayonnement.

GEORGES PALLAIN

Nos lecteurs se souviennent qu'il y a quelques mois, je donnais à cette place le portrait du sympathique maire de Clamart, M. Jules Hunebelle, dont la haute physionomie toute d'énergie et de spirituelle bonhomie est bien connue des Parisiens (1).

Je voudrais aujourd'hui esquisser en quelques traits rapides celle d'un homme qui lui touche de près, M. Georges Pallain, le nouveau gouverneur de la Banque de France.

Il fallait à la Banque un homme dont la haute situation mondaine et l'état de fortuue vinssent s'ajouter comme autant de garanties aux qualités de l'esprit et de l'expérience et qui eût en outre, à ses côtés, quelqu'un capable de continuer les brillantes traditions d'élégance et d'affabilité de M. et Mme Joseph Magnin.

Le gouvernement ne s'est point trompé et M. Cochery qui de longue date connaissait M. et Mme Pallain a eu la main particulièrement heureuse dans ses propositions.

Je ne referai pas ici la biographie du nouveau gouverneur : elle a été faite assez souvent ces temps derniers pour que tout le monde l'ait présente à la mémoire.

Je dirais seulement si j'avais à synthétiser les

---

(1) Voir le profil de M. Jules Hunnebelle, page 115.

traits qui composent cette originale figure que c'est l'homme du monde allié au savant.

Ancien élève de l'école polytechnique, auteur d'études remarquables, lettré et bibliophile, Georges Pallain s'était acquis, à la direction des douanes, la réputation du plus affable et du plus diplomate des chefs de services.

Il y a, en outre, laissé le souvenir d'un progressiste.

C'est à lui qu'on doit l'application des rayons Rœntgen à l'examen des marchandises aux frontières et c'est lui aussi qui, commandeur de la Légion d'honneur et comblé d'ordres étrangers, demanda, comme suprême récompense en quittant son poste, la modeste médaille d'argent des douaniers.

Voici ce douanier à la Banque de France, installé à un poste qui a dû avoir de rudes compétiteurs : je suis certain qu'il sera là comme aux frontières le gardien vigilant des intérêts de notre grand institut financier et qu'il y sera aimé de son personnel comme il l'était au Louvre.

Assez grand, brun, l'œil vif, le sourire légèrement caustique dans un visage affable, élégant sans recherche, la voix chaude et faite pour le commandement, donnant une signature sans vous quitter du regard, et analysant le plus volumineux dossier avec une rare prestesse, tel est le très distingué gouverneur de la Banque.

En son cabinet de la rue de la Vrillière il est attelé matin et soir à étudier les perfectionnements qu'il se propose d'apporter dans sa nouvelle administration et pioche les dossiers de son personnel auprès duquel il est déjà populaire.

Tous les anciens collaborateurs de M. Magnin,

MM. Billotte, l'honorable secrétaire général, le si sympathique et si bienveillant homme qu'est M. Delmotte, M. Liron d'Airolle, M. Renouard qui lui a souhaité la bienvenue de si cordiale façon après le baron Alphonse de Rothschild, tous lui continuent leur concours, heureux de voir le gouvernement confié à des mains aussi loyales et aussi habiles.

Et l'été venu, quand les vacances auront fait le vide à Paris, le Gouverneur de la Banque, retournera goûter un repos bien mérité à Gondreville-la-Franche, où comme par le passé on le verra méditer *sub tegmine fagi*, de Virgile et de Musset en même temps que du taux de l'Escompte, des frais de timbre et du compte-courant.

ÉDOUARD PAILLERON

« Dans les couloirs, M. Pailleron, très compli-
« menté, répondait : « Félicitez-moi, surtout
« d'avoir accouché ! Depuis ce soir, je me sens le
« ventre plus libre. »

Ainsi parlait le *Figaro*, rendant compte des deux proverbes de M. Pailleron : « Mieux vaut douceur » et « Et violence », représentés avant-hier à la Comédie.

Nous avons fait prendre, quai d'Orsay, des nouvelles de la santé de l'accouché. Les deux jumeaux et leur auteur se portent bien.

L'enfantement — je veux dire la mise à la scène — avait été, paraît-il, laborieux, mais le succès a été complet.

Ce succès, le sympathique académicien le doit aux mêmes causes qui déterminèrent les précédents. *L'Etincelle, la Souris, le Monde où l'on*

s'ennuie, Cabotins! sont des œuvres plus importantes sans doute, elles sont et resteront cependant
des chefs-d'œuvres pour le même esprit *étincelant*,
dont elles sont *pailletées*, et pour la même allure
de fine raillerie qu'on rencontre dans les deux nouveaux proverbes :

Ces pièces sont faites avec des mots : Quand le
vieux général du *Monde où l'on s'ennuie* demande
au sous-préfet : « Quel est l'esprit de votre arrondissement? » et que l'interlocuteur répond : « Mon
arrondissement?... il n'en a pas d'esprit... mon
arrondissement... »

Cela est gai sans être méchant, sans être profond
non plus.

Il en va ainsi dans le nouveau proverbe quand
le député qui revient de la réunion des Centres
raconte chez lui qu'il a dépensé son argent à la
souscription ouverte en faveur des grévistes.

« Une souscription en faveur des grévistes à une
réunion des Centres? » reprend sa femme incré-
dule.

« Je veux dire en faveur des patrons des grévistes! »

Quoi qu'il en soit, M. Pailleron a été depuis
quinze ans, avec Sardou, le plus grand amuseur
de Paris.

Son ironie même la plus mordante est acceptée
par tous précisément parce qu'elle ne se pique pas
de mordre; son esprit gaulois et bon enfant
désarme ceux-là même qu'il s'est proposé de châ-
tier en riant.

Au physique alerte et vif, les cheveux touffus, le
profil anguleux, l'œil un peu dur. Dans l'intimité
l'homme le plus bienveillant et le plus sympathique qui soit sur les bords de la Seine.

Recevant en son coquet appartement du quai d'Orsay tout ce que Paris compte d'illustrations dans le monde des lettres, secondé, dans cette tâche, par une jeune femme dont la grâce, l'élégance et la bonté illuminent d'un vif éclat cet aristocratique intérieur, Edouard Pailleron, dont les succès se sont succédé avec une merveilleuse précipitation, ne compte pas un ennemi même parmi ses rivaux.

Sans aïeux, il s'est fait un nom dont le prestige s'accroît chaque jour et a ainsi prouvé que de toutes les supériorités sociales l'esprit et le talent étaient encore celles devant lesquelles un peuple s'incline le plus volontiers.

Signe particulier : reproduit *in extenso* par le *Figaro*, joué dans tous les salons, a prouvé qu'un homme de lettres pouvait vivre par ses succès, ce qui le différencie du « pauvre e'sculpteur ? »

« Ah! malheur! »

Deuxième signe particulier : Exproprié de son immeuble du quai d'Orsay par la Compagnie d'Orléans.

LUCIEN PERQUEL

Celui dont le nom précède, quoique jeune encore, est à la tête d'une maison de la plus haute importance ; elle est, du reste, inscrite au Syndicat des banquiers en Rentes et en Valeurs.

Perquel fut, pendant de longues années, l'âme de la maison Machiels ; il s'y distingua rapidement et conquit vite le premier poste de confiance de cette maison, où ses nombreuses qualités, son tact et sa connaissance approfondie du marché de Paris le mirent en vedette vis-à-vis des tiers.

De taille un peu au-dessous de la moyenne, l'œil bleu. portant la barbe en pointe ; la physionomie toujours avenante et aimable, bien que le tempérament de l'homme soit sérieux et froid.

Souple et actif, ne traînant jamais sur l'exécution d'un ordre, ponctuel en tout, tel est Perquel, un brave et loyal garçon, que ses confrères estiment et apprécient à sa juste valeur.

Etabli aujourd'hui en son nom, il est entouré d'un personnel intelligent et actif, qui s'inspire facilement de l'exemple que le chef lui donne, et cet exemple est précieux.

.. On peut dire de Perquel qu'il est le fils de ses œuvres et qu'il a su conquérir la haute situation qu'il occupe aujourd'hui à Paris, grâce à son travail opiniâtre, sa probité bien connue et ses qualités spéciales inhérentes à l'homme de Bourse parfait.

Signe particulier : « Excelle à conduire un char dans la carrière », bien qu'il n'ait rien de la férocité de Néron, et s'arracherait les cheveux, si l'un de ses pur-sang faisait une chute.

GEORGES PONSELLE

Voici Ponselle, l'associé de M. Alfred Lebel et son collaborateur assidu autant que dévoué depuis de longues années.

La figure toujours douce et souriante ; portant la barbe grisonnante ; la taille moyenne, assez fort, quarante ans, tel est Ponselle, qui a blanchi en travaillant sans trêve.

Celui dont je trace ici la biographie est ce que j'appellerai un enfant de la coulisse des valeurs, où il a déjà parcouru une carrière des plus honorables. J'ajoute qu'il a toujours été entouré de l'estime de tous ses confrères et que son nom honoré pourra figurer dans le « Livre d'or » de la finance parisienne.

M. Ponselie doit sa situation de chef-associé d'une maison de premier ordre à toute une vie de dévouement; c'est aussi un modeste, et je suis heureux de l'occasion qui m'est offerte de rendre un hommage public à cet homme de bien.

Depuis près de deux mois, le dévouement, l'assiduité et l'activité de Ponselle sont mis de nouveau en lumière, car son associé Alfred Lehel, éloigné momentanément des affaires par une cruelle maladie, lui laisse la lourde charge de diriger seule leur importante maison de banque en valeurs. Les affaires, d'ailleurs, ne sauraient éprouver un préjudice de cet état de choses, car Ponselle est homme de tact, d'initiative, et possède au plus haut degré l'esprit pratique des transactions financières.

Signe particulier : Adore promener ses enfants dans sa victoria à travers le Bois.

MARCEL PRÉVOST

« On dira ce qu'on veut, c'est amusant d'écrire,
« Et si c'est un métier, ce n'en est pas un pire
« Que fille entretenue, avocat ou portier ! »
(MUSSET, *Namouna*).

Comme c'est vrai et comme le métier vous colle à la peau ! Depuis que j'ai pris l'habitude de faire cette chronique des *Silhouettes quotidiennes,* il me semble que je n'aurais pas vécu ma journée si, vers trois heures, je ne respirais pas l'odeur d'encre fraîche qui se dégage des paquets de journaux que vient apporter le nègre du journal.

Brave nègre, va ! tu auras un jour ta silhouette.

Aujourd'hui, je voudrais, lecteur, vous présenter, en quelques courtes lignes, l'homme de France qui — avec Bourget — a fait les plus fortes études de psychologie féminine.

Celui-là, c'est Prévost ; le Révérend Père Prévost, comme on l'a déjà appelé, confesseur et grand pénitencier pour dames et jeunes filles.

Le nouveau roman qu'il vient de faire paraître : *Le Jardin secret* et le succès que déjà cette nouvelle œuvre a obtenu, le place tout droit sous le grand jour de l'actualité.

Ne rien tenir secret au fond de son cœur des amours entrevues, ne fût-ce qu'en songe, ni même des intrigues qu'on a pu nouer avant ou après le mariage, mais au contraire tout confesser et tout avouer à l'époux afin de détruire par l'éclatante bonne foi des aveux le doute qui sans cela obsèdera son esprit, tel est le conseil que l'écrivain, en ce nouveau livre si admirablement écrit, donne aux femmes désireuses de conquérir le cœur de leur maris quand leur union n'a pas été un mariage d'inclination.

Je n'ai pas ici la place nécessaire à la discussion de cette doctrine capable de donner des résultats diamétralement opposés suivant la nature de l'intrigue que la femme aura à confesser à son mari.

Bornons-nous à constater l'intérêt palpitant du sujet, la philosophie profonde contenue dans le livre qui est déjà entre les mains de toutes les jeunes femmes.

L'auteur des *Demi-Vierges*, qui procède de Dumas fils et excelle comme pas un à soutenir les thèses les plus intéressantes, qui, comme son devancier, ne craint point le paradoxe, a mis dans ce livre tout ce que sa grande connaissance de l'âme féminine lui a suggéré d'observations précises prises sur le vif.

Mais, à la différence de Dumas, il veut sauver la femme et lui en indique les moyens.

De même que ses *Demi-Vierges* constituent un cri d'alarme à l'endroit de l'éducation des jeunes filles, de même dans le *Jardin secret* comme dans ses *Lettres de femme* c'est le moyen de conserver à la femme le cœur de son mari qui le préoccupe.

Cette justice rendue à la haute moralité de son œuvre, disons de suite quel gai, charmant et déluré confrère est Marcel Prévost.

A le voir avec sa tête de sergent-fourrier qui a plus d'un point de ressemblance, d'ailleurs, avec celle de ce pauvre grand Maupassant, les bras croisés sur la poitrine, l'œil sévère, il n'apparaît pas sous son véritable jour.

Obligeant et affable, avec cela travailleur en diable, donnant à la fois de la copie à l'éditeur et des chroniques au *Journal* dont il est un des plus captivants conteurs, le R. P. Prévost a plutôt la mine sympathique.

Triomphateur à la scène où ses *Demi-Vierges* ont été un des succès les plus éclatants du théâtre contemporain, guetté par l'Académie, il est resté le camarade bon enfant et sans morgue que nous l'avions connu à ses débuts.

C'est, par le temps de cabotinage qui distingue cette fin de siècle, une attitude suffisamment rare pour mériter à Marcel Prévost l'estime générale.

Armes parlantes : Un moulin (de Nazareth) aux ailes d'or sur champ d'azur.

CHARLES RABOUIN

La série de nos financiers parisiens ne serait pas complète si j'omettais d'y faire figurer le nom de Charles Rabouin, un charmant homme, tant au point de vue des affaires que de la vie privée.

Trente-deux ans, de taille moyenne, replet, les cheveux châtains, frisés ; la barbiche toujours soigneusement coupée en fer à cheval, la mise élégante, type parfait du boursier de carrière, tel est le portrait physique de Charles Rabouin.

A appartenu, pendant la première période de sa carrière, toute de travail, à la maison Lusson où il se fit remarquer par des services fort appréciés.

Etabli actuellement seul en nom ; inscrit au Syndicat des Banquiers en valeurs, Charles Rabouin, toujours sur la brèche, a fondé une maison dont le crédit et la renommée sont hors pair.

Sa clientèle est nombreuse et choisie, ce qui signifie des bénéfices réguliers et sûrs, acquis au moyen d'un labeur incessant au cours duquel Rabouin met constamment en relief non seulement ses qualités toutes personnelles de perspicacité, mais encore une probité au-dessus de tout éloge, qui lui a toujours valu la haute estime et la confiance de tous ceux avec lesquels il est en relations d'affaires.

Doué d'un caractère doux et franc, Rabouin, qui a su choisir un personnel trié sur le volet, mérite l'hommage que je rends volontiers à ceux qui font honneur au marché de Paris.

JULES RAZSOVICH

Le Mentor de son ami et collaborateur Paul Gers dont il est aussi l'associé.

Razsovich est l'homme accueillant, affable et bon enfant par excellence; débuta à la Bourse il y a quelque vingt ans et eut bientôt sa place marquée parmi ceux qui savent prévoir les événements en matière politique et financière. Un de ceux que leurs amis et confrères consultent volontiers et le plus souvent possible.

Toujours gai et d'une bonne humeur constante, le visage souriant, Razsovich s'entend à merveille à conclure de grandes affaires sans sourciller ni perdre jamais le calme et le sang-froid.

A été l'un des clients les plus assidus des agents de change et je connais mainte charge qui prisait d'autant plus ses ordres que ceux-ci étaient non seulement une indication précieuse au point de vue du marché, mais encore des engagements de tout repos, car celui dont je trace ici le portrait a toujours tenu scrupuleusement sa parole, ses engagements et peut être cité comme le type de l'homme d'affaires droit, probe et intègre.

Dirige avec la plus haute compétence la maison de Banque en valeurs qui porte son nom et celui de son honorable associé, maison qui du reste a conquis sur la place de Paris un crédit inattaquable et incontesté, c'est-à-dire de premier ordre.

Au demeurant, un homme charmant dans la vie privée, vivant pacifiquement et consacrant ses rares moments de loisirs à l'étude.

Signe particulier : Tempérament nervoso-sympathique.

PIERRE DE RÉMUSAT

Je ne sais plus quel orateur, parlant au nom du Sénat sur la tombe de Paul de Rémusat, disait du regretté sénateur :

« Si l'épithète d'homme distingué a été créée pour « marquer la véritable supériorité de l'esprit et du « caractère, c'est à de tels hommes qu'il convient de la réserver. »

Il était impossible de mieux louer l'homme si noble et si bon que la République venait de perdre.

Une grande distinction native, une réelle délicatesse du cœur, alliées à un caractère d'une grande fermeté, tel était Paul de Rémusat, auquel ses compatriotes de la Haute-Garonne venaient de donner un si juste témoignage d'estime en le préférant pour représentant à un ministre ayant peut-être rendu des services, mais à coup sûr moins noble d'allures et moins riche de sympathies.

Cette noblesse du caractère se retrouve toute entière dans son fils, le comte Pierre de Rémusat, qui déjà, du vivant de son père, avait été élu député de la Haute-Garonne.

Ce fut, en effet, à une élection partielle, en 1892, qu'on le pressa de se laisser porter à la députation.

Le grand nom historique des Rémusat, les incontestables services rendus par eux à la Patrie et aux Lettres, l'affection profonde dont le père était entouré, avaient décidé les électeurs de l'arrondisment de Muret à demander au fils son concours et son dévouement.

Réélu en 1893 par 14,427 voix contre 4,540 données à un socialiste, le citoyen ingénieur Aubry, Pierre de Rémusat n'a cessé d'apporter à la Chambre une constante application de l'esprit et du

cœur à toutes les questions économiques et sociales,
et surtout cet esprit de discipline qui est le fond
des mœurs parlementaires véritables, et dont
M. Waldeck-Rousseau, dans son magistral discours, lors de l'inauguration du Grand Cercle républicain, a pu dire qu'il était la base de toute stabi-
lité gouvernementale et de tout progrès.

Ce n'est point une physionomie inconnue des
Parisiens que celle de Pierre de Rémusat.

Trente-quatre ans, — il est né, je crois, à Paris
même, vers 1863, — grand, replet, le visage sérieux,
souligné par une fine moustache, l'œil doux, la voix
nette, portant le col rabattu et la cravate de fantaisie, élégant sans recherche, affable avec tous sans
affectation, il ne compte que des amis dans la
société parisienne.

Aimant les ouvriers de la ville et des champs,
dont il connaît les besoins, les aspirations et l'âme
dévouée, avec lesquels il passe de longues heures
à s'entretenir lorsqu'il séjourne dans sa jolie propriété de Lafitte, près de Saint-Elix ; sachant qu'il
n'est de progrès stable que celui qui résulte de
résolutions longuement mûries dans le calme d'une
politique d'ordre et d'union, M. de Rémusat a
constamment soutenu la politique progressiste qui,
depuis ces deux dernières années, semble avoir
fermé l'ère des crises ministérielles et des agitations stériles.

Souhaitons-lui, en hommes de sa compagnie, qui
partagent ses aspirations et ses idées de progrès, de le
voir revenir dans la prochaine Chambre, où nous aurons plus que jamais besoin d'esprits distingués (1).

_____

(1) Pendant que ce volume s'imprimait M. Pierre de Rémusat
se voyait préférer un radical-socialiste par ces mêmes électeurs qui l'avaient convié à entrer dans la politique.
Son échec est une perte pour le parti républicain.

CARDINAL FRANÇOIS RICHARD

C'est aujourd'hui même, 11 février, que Son Eminence le Cardinal Richard voit s'accomplir la vingt-cinquième année de sa consécration épiscopale (1).

En cette colonne de journal où m'est dévolu la tâche quotidienne de dire à nos lecteurs les hommes qui occupent dans l'attention de leurs contemporains une place particulière, je ne pouvais me soustraire au devoir non plus qu'au plaisir d'esquisser la physionomie de celui qui représente la plus haute idée morale qui soit dans le Paris des croyants.

Que celui qui écrit ces lignes soit un catholique fervent, qu'il soit un partisan du libre examen ou, plus justement peut-être, qu'il s'avoue, avec une bonne foi de plus en plus rare, un de ceux qui, comme Pascal, ont leurs heures de doute douloureux ou de mystique espérance, il importe peu.

L'essentiel est de pouvoir détacher de son cadre quelque peu hautain ce pâle visage d'ascète, — véritable figure d'Holbein — auquel la rouge soutane qui enveloppe son grand corps amaigri ne ne donne même pas un reflet de pourpre.

Celui qui, depuis vingt-cinq ans, a porté -— dans Paris ! — le far'eau de la tâche épiscopale redoutable aux anges mêmes, *onus ipsis angelicis humeris formidandum*, qui a connu non seulement les luttes qui se livrent, chaque jour, au nom ou autour des croyances qu'il représente, mais qui a pu voir de près les misères sociales, approfondir

---

(!) Ce portrait a paru le 11 février 1897 à l'occasion des noces d'argent du vénéré prélat.

la vanité des grandeurs humaines et toucher du doigt les sacrifices odieux faits à cet honneur du monde que Bossuet châtiait en de si véhémentes apostrophes, ne peut pas rester indifférent au public même des sceptiques.

Qui ne l'a vu officier sous les hautes voûtes de l'immense basilique métropolitaine aux éclatantes verrières, parmi les parfums de l'encens, au son des orgues mystiques étendant, sur la foule courbée sous le vent des cantiques,

Comme au souffle du Nord un peuple de roseaux,

(dirait Musset), sa main bénissante, qui ne l'a vu hier encore, présidant à la Madeleine l'assemblée de charité en faveur des Arméniens et prenant possession, du haut du banc-d'œuvre, de ce protectorat de la Charité, dont l'influence déjà s'est fait sentir dans l'Orient chrétien, ne peut se faire qu'une faible idée de la forte impression de respect et de sympathie qui se dégage autour de l'éminent prélat.

Inflexible dans l'interprétation des commandements de l'Eglise et dans l'application de ses lois liturgiques — ou l'a vu, lors de la mort de notre pauvre confrère Harry Allis, tué en duel, refuser la sépulture religieuse — inflexible encore sur la discipline qu'il veut de fer pour ce clergé parisien si près de la tentation par les inévitables contacts journaliers, l'archevêque de Paris est le plus paternel, le plus doux et le plus bienveillant des hommes aux heures où l'homme privé se peut révéler.

A la tête d'une assez jolie fortune, possesseur de grandes propriétés dans la Loire-Inférieure où il va passer ses courtes vacances, ce prélat est l'homme du monde qui fuit le plus le luxe et l'ostensation.

Nous ne l'avons jamais vu à Paris — même à l'époque des fêtes russes où les équipages de gala faisaient prime -- autrement que dans une modeste et vieille calèche attelée d'un seul cheval mené par le vieux cocher qui, s'il voulait parler, dirait sans doute qu'il a plus souvent conduit son maître aux quartiers qu'habitent le travail et peut-être aussi la misère, qu'à ceux où s'étalent si volontiers le luxe et l'opulence.

Mais soyons bref sur ce point, il est des choses qu'il n'est pas très prudent de dévoiler du vivant de ceux que l'on veut louer.

Au point de vue politique, tout le monde sait la ligue de conduite parfaitement nette qu'a suivie le cardinal Richard. Sans hésitation comme sans exagération, il a suivi les conseils qui lui venaient du grand Pontife dont il a reçu tant de fois, dans ses voyages *ad limina* les marques de la plus paternelle affection.

Adoré de ses ouailles, vénéré de ses adversaires mêmes, le cardinal Richard restera une des plus nobles figures de l'épiscopat contemporain.

LOUIS ROSENFELD

Grand, portant beau, le monocle rivé à l'œil, un gardénia à la boutonnière, très copurchic dans une élégance mitigée d'un peu de raideur, tel apparaît Louis Rosenfeld, un de ceux qui font la pluie et le beau temps, le soleil et la neige, dans le groupe de la Rente Espagnole.

Et aussitôt, l'on aperçoit M. Charles Werner, le

très fidèle Werner, l'ami et le collaborateur qui ne le quitte pas d'une semelle.

Point banale du tout la silhouette de Rosenfeld.

Dans ce groupe particulier de la Rente extérieure espagnole, il n'y a quelquefois pas assez de chaises pour tous les spécialistes qui le fréquentent.

Alors, faute de chaises, Rosenfeld s'asseoit sur les genoux d'un confrère, et on peut le voir, dans les heures d'effervescence du marché parisien, négocier, ainsi, quelques centaines de mille extérieure ferme ou à primes en moins de temps qu'il n'en faut à ma plume pour le raconter.

Possédant l'estime de ses confrères, la confiance de la haute banque, très prisé pour sa merveilleuse habileté, Louis Rosenfeld a fait, sans jamais se départir de son calme et de sa froideur, les plus grosses affaires, et en est venu à jouir ainsi d'un tout premier crédit sur une place où, désormais, il conduit en maître le char de Plutus.

Ajoutons que l'homme du monde ne le cède en rien au financier pour la correction dans ses relations et la solidité dans ses amitiés. Son dévouement à ses amis est devenu en effet proverbial, et chaque fois qu'il a été appelé à rendre service, il l'a fait sans emphase, sans ostentation, avec la modestie et le calme flegmatique qu'il apporte dans tous ses actes et qui sont comme la caractéristique de cette existence toute d'honneur, de travail et de dévouement.

Signe particulier : A l'horreur des interviews et des journalistes.

EDMOND ROSTAND

Sans doute il est trop tard pour parler encore d'elle,
Car, dans ce pays-ci, quinze jours écoulés,
Font « d'un succès » récent une vieille nouvelle.

Ce n'est pas que je croie que la pièce vieillisse jamais, mais je ne voudrais pas, sous prétexte que j'étais absent de Paris, lors des premières représentations, laisser à tous mes confrères, le soin de féliciter l'auteur de *Cyrano de Bergerac*.

Je le dois à l'ami et au camarade aujourd'hui célèbre, que tout le monde, paraît-il, avait prophétisé.

Bauër l'avait prédit, Mendès l'avait deviné, jamais, dans la carrière des lettres, auteur ne fut plus annoncé par ceux mêmes qui ne l'avaient pas lu.

Aussi, je me suis dit qu'il me serait peut-être permis, sans prétendre à rien d'ailleurs, de mettre sous les yeux des lecteurs de ce volume, les lignes suivantes de leur serviteur, parues dans la *Revue Moderne*, en février 1892 et qui terminaient un article consacré aux *Musardises*.

« Les vers de Rostand sont alertes, vifs, sonores,
« enjoués comme ceux de Musset et supporteraient
« la comparaison si la comparaison était possible
« entre les choses de l'art. »

« Le chemin que parcourt l'auteur est brillant,
« gai et parfumé comme la vie à son printemps :
« Je ne serais pas étonné que cette route le con-
« duisît aux plus hauts sommets. »

Ceci dit, donnons une courte silhouette de l'auteur.

Edmond Rostand a trente ans.

Elancé, mis avec une élégance qui dénote plus

l'indépendance que la recherche, le visage aux pommettes saillantes souligné par une moustache cavalière, l'œil doux et brillant à la fois, il est l'homme affable par excellence et, au milieu même de ses travaux, sa physionomie garde un air de sérénité et de calme qui est peut-être la caractéristique de sa personne.

Fils d'un homme dont la bonté est bien connue et qui s'est passionné pour les questions de morale sociale, il était destiné par son père au barreau ou à la magistrature et, comme tout le monde aujourd'hui, il s'est offert le luxe d'un diplôme de licencié en droit.

Mais l'*action furti* la *manumissio* la communauté réduite aux acquêts n'avaient pour lui que de vagues charmes et c'est sur ses premiers cahiers de Droit romain qu'il griffonna les *Musardises,* tandis qu'une jeune fille, aujourd'hui Mme Rostand, composait les *Pipeaux.*

Le chemin parcouru depuis, tout le mond le connaît : Ce furent *Les Romanesques* qui ol. nrent un réel succès à la Comédie Française et, il y a quinze jours, son *Cyrano de Bergerac* qui restera un chef-d'œuvre désormais classé et une des plus belles créations du vraiment grand artiste qu'est Constant Coquelin.

Neveu de M. Alexis Rostand l'aimable et sympathique directeur du Comptoir d'Escompte dont je me propose de faire la silhouette, et fils d'Eugène Rostand, membre de la commission supérieure des caisses d'épargne, il semble, qu'il eût eu une carrière facile dans la finance si ses goûts l'y avaient attiré. Mais il a préféré les lettres et dans les lettres elles-mêmes la partie habituellement la moins rémunératrice de gloire et d'argent : la poésie. Il triomphe aujourd'hui ; qu'il en soit félicité ici sincèrement, car son immense succès n'est que la récompense due par le ciel à son courage.

Signe particulier : Affectionne les gilets de velours, et les cravates épanouies.

NICOLAS SACILLY

L'âme des Banquiers-Arbitragistes, dont il est l'un des courtiers attitrés, et non le moindre.

Quarante ans au plus, cheveux et barbe poivre et sel, taille moyenne, de corpulence ordinaire, élégant sans recherche, tel est Nicolas Sacilly, le meilleur des hommes pour ses amis, ses confrères et ses clients. L'un de ceux qui ont su se faire une carrière fructueuse et honorable dans la profession si délicate de coulissier arrêtant les affaires aux Banquiers et Arbitragistes bien connus à la Bourse de Paris, les mêmes qui lui confient aussi leurs ordres souvent très importants, car Sacilly est le courtier-type qui sent et connaît son marché sur le bout du doigt.

Sacilly, que ses amis désignent seulement de son prénom de « Nicolas » dans l'intimité des groupes, est d'une nature délicate, habile et souple. Son caractère charmant de gentleman s'accommode assez facilement des scies plus ou moins anciennes que des loustics comme Charles Werner lui montent périodiquement dans les moments d'accalmie. Lorsque Sacilly paraît soudainement au groupe de « l'Extérieur », où il brasse de nombreuses affaires sans se départir de son sourire aimable, on entend tout à coup, en sourdine, un refrain populaire qui s'élève spontanément et discrètement de quelques gosiers farceurs : « Le voilà, Nicolas, ah ! ah ! ah ! »

Pour que ces amicales plaisanteries se produisent, il faut que celui qui en est l'objet soit un homme sympathique, car à la Bourse, sachez-le bien, on ne fait pas à tout le monde l'honneur de la blague anodine ; elle est même synonyme de sympathie.

Ce qui, d'ailleurs, n'empêche pas Sacilly d'être le chef d'une des plus importantes maisons de Banque en valeurs et de faire tranquillement de fructueuses transactions quotidiennes.

Signe particulier : Adore le cheval et galope le matin au Bois sur un magnifique alezan, orgueil de l'allée des Poteaux.

OLIVIER SAINSÈRE

Grand ami d'Edouard Pailleron dont le portrait précède.

Fils d'un ancien maire de Bar-le-Duc, dont la bonté est légendaire, M. Sainsère préfet à trente-neuf ans, Conseiller d'Etat à quarante-trois, est une des physionomies les plus sympathiques du « Monde où l'on travaille ».

Homme d'esprit, lettré délicat, il fréquentait chez Mme Adam, lorsqu'un jour ses amis lui conseillèrent d'entrer dans l'Administration. Il se laissa faire et débuta conseiller de préfecture.

On aura beau, dans certains milieux, railler la vie administrative, il n'en demeure pas moins exact que, pour y faire figure, il faut s'y montrer homme du monde.

Homme du monde, Olivier Sainsère l'était jusqu'au bout des ongles et c'est à cette supériorité d'éducation, jointe à l'esprit le plus ouvert, qu'il a dû ses rapides succès.

Il était sous-préfet de Fontainebleau quand M. et Mme Carnot résolurent de s'y installer à la saison d'été.

Secondé, dans ce poste, par l'esprit, la bonne grâce et le charme du plus spirituel collaborateur qu'un homme se puisse adjoindre, M. Sainsère prépara avec un tact si parfait la venue des hôtes de l'Elysée, qu'ils furent accueillis, partout, avec la sympathie que d'ailleurs ils méritaient tant.

Nommé préfet de Loir-et-Cher — un département suffisamment délicat à administrer — il fut choisi le 12 décembre 1892 par M. Loubet comme directeur de son cabinet, et, depuis cette date, c'est à qui, des ministres passant à la place Beauveau, obtiendra sa collaboration.

Dire que l'homme est égal à sa fonction ne serait déjà pas un éloge banal; la vérité, cependant, est telle que de déclarer qu'il a été l'un des plus distingués parmi ceux qui ont occupé le poste ne constitue même plus une flatterie.

Chatain clair, les cheveux en brosse, l'œil doux et bienveillant contrastant avec une certaine crânerie dans la manière de porter de longues moustaches à la Vercingétorix, l'honorable conseiller d'Etat a vu défiler dans son cabinet de la place Beauvau, assis devant l'ancien bureau de Sieyès, tout le monde politique parisien, monde exigeant et acariâtre s'il en fût et dont, parmi les plus aigris et les plus exaspérés qu'il renferme, aucun n'a pu dire qu'il fût sorti mécontent de son entrevue.

Saluons avec empressement et respect les hommes qui le méritent à un tel degré.

Signe particulier : Possède, entre autres œuvres

d'art impressionnistes, la photographie d'un ancien président du Conseil que nos lecteurs reconnaitront à la façon dont il l'a dédiée :

De sincero ad sincerum!

Pends-toi, Jungle, on a fait un calembour et tu n'y étais pas!

VICTORIEN SARDOU

L'auteur de *Nos Intimes*, des *Pattes de mouches*, de *Nos bons villageois* et de la *Famille Benoîton* n'est pas seulement « un grand amuseur », comme on s'est plu à l'appeler, mais un homme de la plus haute envergure dont l'image sera placée plus tard à côté de celle de Corneille, parce que, par-dessus tout et avant tout, il restera l'immortel auteur de *Patrie*.

L'*Officiel* qui, en 1868, annonçait sa promotion d'officier de la Légion d'honneur, contenait ce simple titre : Auteur de *Patrie*.

J'aime pour une fois à me rencontrer avec l'*Officiel! Patrie!* C'est bien là, en effet, le drame le plus beau qui ait été écrit depuis le siècle des classiques et dont certaines de ses phrases ont l'ampleur des vers cornéliens.

Je sais que les lignes qui précèdent vont faire hurler de rage la bande des dénigreurs aux abois, que la fortune, le succès, et aussi, quelque peu, la hautaine raideur du maître ont, de tout temps, exaspérée.

Qu'est cela? Injurié à la tribune du corps législatif, Thiers donnait une chiquenaude sur la manche de son habit en disant : « Cela se brosse! »

Sardou peut en dire autant des critiques de ses plus farouches contempteurs.

Il a répondu, comme il convenait, aux accusations de plagiat; il a réfuté par le succès d'une nouvelle œuvre les critiques adressées aux précédentes, il a opposé aux injures la froide et calme ironie de l'homme que la morsure n'atteint point; que voulez-vous que d'autres aillent aujourd'hui le défendre?

Je ne me donnerai pas ce ridicule : Admirateur sincère d'un talent aussi fécond et aussi varié, je me contente d'applaudir à l'œuvre d'une vie toute de travail, d'esprit heureux et d'admirable fantaisie.

Aussi bien, le maître n'est pas de ceux qu'il faille plaindre : Possesseur d'une belle fortune dont il fait le plus louable usage, Victorien Sardou s'est arrangé une existence qui, en dehors des heures de fièvre exceptionnelle, précédant les premières, est toute de calme et de tranquillité.

Nommé commandeur de la Légion d'honneur en janvier 1897, il refusa net tout projet de banquet en son honneur, préférant la solitude de Marly aux plus élogieuses manifestations de sympathies.

N'en est pas moins le confrère très cordial, très secourable et très gai que connaissent tous ceux qui ont été lui demander ses conseils et son appui, lorsqu'ils ne sont pas allés le déranger, n'est-ce pas? au milieu des répétitions.

Ne jugeons donc point Victorien Sardou sur les critiques passionnées qui ont accueilli ses ouvrages, mais laissons respectueusement passer entre ses œuvres et les critiques ou les éloges qu'elles ont suscités, un personnage, grand dispensateur de la justice ici-bas : le temps.

Il est l'inévitable divinité qui traite tous les humains de la même manière : sa démarche est lente et solennelle, il porte, sur la tête qu'il ne détourne jamais, une couronne blanche et tient dans sa main droite la statue de l'*Immortalité.*

LUCIEN SAUPHAR

Un Parisien de Paris :

Très brun l'œil vif, le visage souriant, la tenue toujours soignée de l'homme du monde, a fondé une maison qui jouit, sur la place, d'un tout premier crédit et que fréquente une clientèle de choix.

On sait que, dans cette revue du monde, j'ai pris à tâche de mettre en lumière des hommes qui, par leur valeur personnelle et leurs grandes aptitudes financières, honorent le marché parisien.

Lucien Sauphar est de ceux-là.

Levé de bonne heure été comme hiver, toujours le premier au travail, il a consacré tous ses instants aux intérêts de sa clientèle.

Connaît comme pas un les cours de la Bourse et tous les renseignements qui ont trait aux fluctuations du marché, qu'il vous donnera avec la plus parfaite obligeance, car Lucien Sauphar s'est acquis parmi ses confrères une réelle réputation d'affabilité.

Avec cela, admirablement organisé pour l'étude des problèmes financiers, sachant du premier coup d'œil voir net et clair dans une situation, homme de sang-froid et de d'énergie, il avait tout pour réussir et il a réussi.

Reçoit avec une merveilleuse affabilité ses nombreux amis, en sa belle demeure de l'avenue des courses au Vésinet, aidé dans ce devoir par Mme Sauphar née Jourda dont la bonté envers les pauvres égale l'esprit et la bonne grâce.

Il est de bon ton dans certains milieux de railler la spéculation et les spéculateurs.

On ne semble pas se douter que c'est la spéculation qui plus d'une fois a sauvé le comptant, notamment au moment de la crise des Caisses d'Épargne.

Il n'était pas inutile pour le public parisien de montrer, ici, tout ce que le monde de la Bourse contient de travail acharné, de haute probité et de savoir.

Et c'est parce que ces choses se trouvent réunies chez M. Lucien Sauphar, que j'ai été heureux de le comprendre ici dans ce volume, heureux de rendre à ce laborieux un hommage mérité.

Signe particulier :

Concilie la prescience la plus sûre du marché avec des opinions irréductibles sur sa liberté.

EDMOND SCHLESINGER

Edmond Schlesinger est une des personnalités les plus sympathiques de la finance parisienne dont la place était tout naturellement indiquée dans ce livre.

Celui-ci se distingue par son sang-froid, sa grande prudence et sa connaissance méticuleuse du marché parisien.

Etabli depuis longtemps déjà, l'honorable financier a fait de la maison Edmond Schlesinger et Cie une maison de premier rang et a su amener, dans les bureaux du 22 de la rue Le Peletier, la plus considérable des clientèles.

Grâce à son énergie et à sa prudence, M. Schlesinger a vu passer de nombreux orages à la Bourse sans en subir le contre-coup.

Comme un habile matelot attentif sur le banc de quart, il sait prévoir à merveille les fluctuations du marché et passer au travers des récifs pour arriver à bon port.

La tête jeune, les yeux vifs et railleurs, donnant à ses employés l'exemple d'une infatigable activité, M. Edmond Schlesinger s'est fait sur la place de Paris une situation fort enviable.

En relation avec tout ce qui porte un nom dans le monde de la finance et de la politique, avec cela très boulevardier, ne dédaigne pas de flâner en dehors des heures de Bourse, entre la rue Vivienne et le restaurant Durand.

HENRI SCHUHMANN

Grand, fort élégant, sans recherche ni prétention, modeste, malgré la conscience bien nette de sa valeur personnelle, Schuhmann est un travailleur infatigable.

A blanchi sous le harnais et possède à ce point le besoin de donner libre allure à son activité qu'il ne pourrait, j'en suis certain, abandonner son cher labeur quotidien sans d'amers regrets, bien qu'il ait mérité une paisible retraite dans laquelle sa haute situation de fortune lui permettrait de se réfugier.

Fut de toutes les grandes opérations financières qui virent le jour à la coulisse depuis plus de vingt ans et au succès desquelles il contribua avec son aristocratique clientèle.

C'est avec une bonhomie et une simplicité parfaites qu'il a échangé, cent fois sous mes yeux, des paquets de titres pour compte de ses commettants.

A été l'un des gros opérateurs sur l'*Ottomane 1893*, au temps brillant des valeurs turques.

Dirige avec sûreté et une expérience consommée la maison qui porte son nom.

Signes particuliers : Excelle au billard et combine un carambolage de main de maître ; professe un culte pour la musique sérieuse et se délecte volontiers le dimanche chez Lamoureux ou chez Colonne.

JACQUES SIEGFRIED

Un heureux et qui le mérite.

Toute une carrière faite de travail, d'honneur et d'habileté.

Vient d'être élu, hier, président du Conseil d'Administration de la « Banque Française de l'Afrique du Sud », en remplacement de M. Nemours Herbault, démissionnaire pour raisons de santé.

Etait déjà vice-président et administrateur actif depuis l'assemblée du 14 avril 1897 et en ces hautes fonctions avait su s'attirer les sympathies générales.

L'accueil fait par la Bourse à sa nomination est, d'ailleurs, significatif, car à cette nouvelle les actions ont progressé sur la clôture de la veille.

M. Jacques Siegfried, dont le frère a été ministre du commerce, était autrefois président de la Banque Russe et Française et y a laissé les meilleurs souvenirs.

Il est actuellement administrateur de la « Compagnie Algérienne », de la « Compagnie de Fives-

Lille », dont la réputation s'est étendue au monde entier, et de la Compagnie d'assurances la « Confiance-Vie ».

Grand, bel homme, le visage affiné, l'œil interrogateur, vif et actif, la parole brève, le geste aimable, connaissant à fond le dossier de chaque affaire, étudiant choses et gens avec une acuité de vision merveilleuse, M. Jacques Siegfried est une figure point banale du tout du monde de la finance.

J'ai eu l'occasion de dire, ici même, ce qu'il faut penser du grand institut financier de la rue Boudreau et des merveilleux services qu'il peut rendre aux intérêts français dans l'Afrique du Sud.

La haute direction qui vient d'être confiée à M. Siegfried va lui donner une impulsion nouvelle.

Souhaitons à son président et à ceux qui vont collaborer avec lui tout le succès qu'on est en droit d'attendre d'un instrument de crédit comme la Banque française de l'Afrique du Sud et d'une carrière financière comme celle que je viens de rappeler.

ANDRÉ SOULANGE-BODIN

N'est pas un inconnu au quai d'Orsay, où il vient de prendre possession de son poste de directeur du Cabinet et du Personnel.

A été en effet, il y a quelques années, rédacteur à la direction des affaires politiques et était particulièrement estimé de M. Nisard, le si sympathique et si affable directeur.

Depuis, a parcouru une brillante carrière, s'il est vrai de dire que les postes difficiles font honneur à ceux auxquels on les confie.

Attaché, une première fois, à l'ambassade de la République française à Berlin, il devient secrétaire de la sous-commission du canal de Suez, passe à la direction des affaires politiques en qualité de rédacteur et enfin est nommé secrétaire de l'ambassade à Berlin où son tact, ses services et son habileté le font nommer chevalier de la Légion d'honneur.

C'est de ce dernier poste, qu'il quitte en emportant les sympathies unanimes, notamment celles de son chef, M. le marquis de Noailles, que M. Hanotaux l'a appelé pour diriger son cabinet et le service du personnel, en remplacement de M. Henri Marcel, nommé ministre de France à Stockholm, et auquel nous réitérons ici nos sincères félicitations.

Le choix que vient de faire M. Hanotaux, d'autant plus difficile qu'il se séparait à regret d'un collaborateur précieux, montre une fois de plus que notre ministre des affaires étrangères a la main heureuse; à moins que cela ne démontre — ce qui serait peut-être plus exact encore — qu'il se connaît admirablement en hommes.

Très grand, très élégant, l'œil vif, le geste affable, un mince ruban à sa jaquette, causant avec une rare distinction, homme du monde autant qu'habile diplomate, très lettré, tel est le nouveau directeur du cabinet de M. Hanotaux. Qu'il me soit permis de lui souhaiter ici, au début de ses nouvelles fonctions, de longs jours au quai d'Orsay.

Signe particulier: Ne prend jamais connaissance d'un télégramme sans plisser le front.

CHARLES STIEBEL

Autrefois, l'associé du regretté Mac-Swiney, aujourd'hui, son successeur aussi digne que délicat et habile.

De taille moyenne, portant une fine moustache qui souligne une physionomie un peu froide d'abord mais où la bienveillance se détermine vite, Charles Stiebel possède dans le monde de la finance de hautes et flatteuses relations.

Homme d'énergie et travailleur acharné à la 'âche, il se tient lui-même à la Bourse et dirige avec un tact parfait et une rare sûreté de vues les opérations multiples dont se chargent tour à tour les banquiers qui sont à ses côtés.

Secondé avec le plus grand dévouement et une activité de chaque instant par ses lieutenants Dommanget et Picard, deux hommes desquels on peut dire qu'ils connaissent à fond le marché parisien, leur chef sait que la confiance et les pouvoirs qu'il leur accorde sont aux mains les plus expérimentées.

Charles Stiebel a, maintes fois, donné la mesure de sa valeur dans les moments de prospérité de la Bourse et a toujours été écouté de ses collègues.

Avisé, prompt et adroit, il prévoit facilement l'indice d'une fluctuation importante sur les valeurs quelles qu'elle soient; aussi la maison qu'il dirigea traversa-t-elle les différentes crises sans être touchée, et tint-elle toujours hautement le premier rang sur la place de Paris.

Signe particulier: Fait partie, entre autres cercles, de l'*Union des Yachts Français*.

WILLIAM STRAUSS

De taille moyenne, bien pris, le visage toujours souriant, nerveux et actif, le geste affable, tel est le très distingué et très sympathique directeur de la Banque Impériale et Royale Privilégiée des Pays-Autrichiens.

Sa vie a été une vie entière de travail. Le premier arrivé dans ses bureaux et parti le dernier, il veille aux moindres choses, se rendant compte de tout par lui-même et dirigeant son personnel avec une sûreté de main peu commune.

Admirablement secondé d'ailleurs par un personnel trié sur le volet. M. Strauss a réussi à donner à la Banque Impériale-Royale-Privilégiée des Pays-Autrichiens un développement merveilleux. Accessible à tous, aux plus humbles comme aux plus riches, affable et obligeant, il n'a jamais su marchander ses conseils et ses avis basés sur une expérience consommée.

Connaît comme pas un le marché parisien et vous donnera les cours d'ouverture avec une précision absolue.

Dans ce livre qui ressemble à un kaléidoscope du Paris qui travaille, je ne pouvais omettre le profil de M. Strauss trop connu de tous ceux qui s'occupent de Finances pour être laissé dans l'ombre.

FÉLIX TERRIER

Chirurgien de l'Hôpital Bichat.

Un cœur d'or sous une enveloppe de chêne.

D'une habileté de mains merveilleuse qui l'a classé hors pair parmi nos chirurgiens, le professeur Louis-Félix Terrier est une physionomie des plus sympathiques du monde médical.

Parisien de Paris où il est né le 31 août 1837.

Grand, d'abord un peu rude, assez rébarbatif aux sympathies de rencontre, sa grande modestie lui donne un air de timidité et de la tiédeur qui se dissipe lorsqu'il se trouve au milieu de ses amis et de ses clients et surtout lorsqu'à l'hôpital, au chevet de ses malades, il expose son enseignement avec une clarté et une netteté qui ne font que mieux ressortir sa science profonde.

Reçu docteur fort tard — à trente-quatre ans, je crois — mais d'une façon brillante, il marche ensuite à pas de géant dans la carrière qu'il s'est choisie.

En effet, deux ans après son doctorat il est reçu agrégé de la Faculté de médecine de Paris ; un an après il est nommé chirurgien des hôpitaux.

C'est là qu'il remportera dans sa lutte contre le mal et la douleur les victoires qui lui assureront la notoriété.

Opérateur habile, surveillant de l'œil du maître les moindres détails d'une opération chirurgicale, n'abandonnant rien au hasard, donnant l'exemple des précautions les plus minutieuses au point de vue antiseptique, il laissera dans les hôpitaux le renom d'un homme dont la conscience égale la valeur.

Professeur, il a publié plusieurs mémoires où se trouvent recueillies ses leçons.

Citons entre autres :

Les lésions traumatiques et leurs complications, premier fascicule d'un livre intitulé : *Eléments de pathologie chirurgicale générale*, dont le deuxième fascicule, qui complète l'œuvre, comprend

Les complications des lésions traumatiques d'origine inflammatoire. Il est aussi l'auteur d'un manuel de Pathologie chirurgicale.

A remplacé, le 1er février 1898, le docteur Tillaux dans la chaire d'opérations et d'appareils à la Faculté de médecine de Paris.

Aimé de tous ses collègues de la Faculté, adoré a ses clients et de ses jeunes confrères auxquels il n'a jamais marchandé les conseils de son expérience, le professeur Terrier est le type accompli de l'homme modeste qui a toujours peur de s'avancer au bord de la rampe de crainte d'être aperçu du public.

Il faut pourtant que nous sachions à Paris ce que nous devons à ceux qui, comme Félix Terrier, ont consacré leur vie au grand art de la chirurgie et lui ont fait faire ces progrès qui émerveillent les profanes, et dussé-je me faire, désormais, un ennemi de l'homme que je silhouette à présent, mon devoir de journaliste était de le dire: J'ai fait mon devoir.

Signe particulier: Passe ses vacances en famille dans sa jolie villa « *Félicité* » sur la côte d'Azur.

SIMON TEUTSCH

L'alter ego de M. Alphonse Lange (1).

Simon Teutsch, disons-le tout de suite, malgré la situation considérable qu'il occupe à Paris, est un modeste, et cette qualité prend une saveur toute particulière quand elle émane d'un homme comme lui, dont le nom est synonyme de grande banque.

De taille un peu au-dessous de la moyenne, l'œil

(1) Voir le profil de M. Lange, page 127.

noir, vif et perçant, Simon Teutsch a toujours eu ces deux qualités nécessaires à un homme de finance : la perspicacité et la conception rapide et nette de toute affaire nouvelle soumise à son appréciation ou à son choix.

Jadis, dans les moments de grandes affaires, lorsqu'il était débordé d'ordres dont la provenance était, comme toujours, *di primo cartello*, j'ai vu maintes fois Simon Teutsch suppléer paternellement son teneur de carnet et venir dans les groupes exécuter, avec sa haute compétence et une habileté consommée, ces ordres qui étaient, je puis le garantir, une indication bien nette de la tendance pour les confrères qui s'empressaient aussitôt, lorsqu'un client les interrogeait sur le marché, de répondre cette indication toujours topique à la Bourse : « On a remarqué de grosses ventes ou « bien de bons achats effectués par les plus fortes « maisons : Lange et Teutsch sont en tête. »

Il fallait voir alors tous les petits opérateurs, tout le menu fretin de la petite clientèle de la Bourse lui emboîter le pas et marcher comme un seul homme dans le sens des opérations conclues quelques minutes auparavant par les *gros*, terme argotique de finance significatif pour tous les boursiers,

Simon Teutsch, comme son associé, est la providence de son personnel. Celui-ci lui rend en dévouement et en services éprouvés depuis de longues années, les libéralités périodiques dont il le gratifie et cet homme que la finance s'honore de compter parmi les siens, laissera le souvenir d'un homme de bien.

Marié à une femme de grand esprit et de grand cœur qui apporte une merveilleuse activité dans l'administration de nombreuses œuvres de charité,

M. Teutsch a conquis dans tous les rangs de la société parisienne, l'affection des braves gens.

ANDRÉ THEURIET

Sur les rives enchantées que baigne le lac d'Annecy, dans l'admirable et féerique décor que forment les hautes montagnes aux sommets tout roses et tout blancs qui l'entourent, on peut voir chaque dimanche la population du petit chef-lieu embarquée sur le *Mont-Blanc* ou la *Couronne de Savoie*(1) descendre à Talloires et se montrer comme en un pieux pèlerinage la petite maison de campagne d'un homme qui a parlé avec amour de ce pays, et célébré les Savoisiennes en vers pleins de tendresse.

C'est là qu'André Theuriet a écrit ses plus belles œuvres dont il n'est pas une où il n'ait trouvé moyen de dire le ravissement qu'il a éprouvé pour la Savoie.

Et s'il est vrai, comme le prétend mon confrère Henry Bordeaux, que demain — au moment où paraîtront ces lignes — de nombreux Savoyards viendront sous la coupole y saluer avec enthousiasme le marquis Costa de Beauregard, leur compatriote, je gage qu'il n'en sera aucun qui ne reconnaisse, parmi les Académiciens présents, cet ami de la Savoie qu'est André Theuriet.

Limpide et clair comme les eaux de ces beaux lacs savoisiens dans lesquels se baignent les étoiles, le style d'André Theuriet reflète la physionomie entière de l'écrivain.

(1) Navire à vapeur offert à la Ville d'Annecy par Napoléon III.

Doux et bienveillant, plein d'indulgence, sans tomber dans l'épicurisme, tour à tour noble et familier tel est l'auteur de *la Maison des deux Barbeaux*, de *Péché mortel*, de *Charme dangereux*, et de tant d'autres œuvres marquantes.

Le Chemin des Bois, *Le Livre de la payse*, dont l'édition est aujourd'hui épuisée, comptent parmi les plus jolis vers qui soient sortis de la plume d'un poète. Mais c'est surtout dans la nouvelle qu'excelle André Theuriet : *Bigarreau*, *Claude Bouet*, l'*Abbé Daniel* et l'*Amoureux de la préfète*, dont je parlais en commençant, sont des chefs-d'œuvre d'observation fine et humoristique qu'on aime à relire.

Un écrivain comme M. Theuriet, devait trouver sa place à l'Académie qui s'est honorée en ne lui faisant pas marquer le pas.

Signe particulier : Cumule les talents d'écrivain et d'administrateur.

Maire de Bourg-la-Reine, dirige les affaires municipales avec une maestria qui lui a valu maintes fois les félicitations du Préfet de la Seine.

LOUIS TRANNOY

On me rendra cette justice que je n'ai jamais, en cette série de portraits, entretenu mes lecteurs d'une personnalité qui ne fût pas digne de l'estime et des sympathies générales et ainsi que le disait M. Leroy-Beaulieu dans la lettre qu'il m'adressait, le mois dernier, je n'ai mis en vedette que des hommes qui sont « l'honneur du grand marché Français. »

Après le portrait de M. Gardais qui a paru hier à cette place, je demande à mes lecteurs de la permission d'esquisser en ces courtes lignes la physionomie si sympathique et austère à la fois de son associé, M. Louis Trannoy, dont je n'ai dit qu'un mot hier et grâce au concours actif et énergique duquel la maison du n° 4 de la rue Rossini est devenue une des mieux accréditées parmi les maisons de banque de la place.

Quarante-six ans environ, le visage jeune, les pommettes roses, l'attitude martiale, portant à la boutonnière de la jaquette un mince ruban de la Légion d'honneur conquis pour services militaires, le geste prompt et affable, le regard interrogateur, tel est au physique M. Louis Trannoy, dont la parole vaut plus qu'un traité et dont la haute expérience est faite de la constante pratique des affaires loyales.

La maison S. Gardais et L. Trannoy existe, en effet, depuis 1893, date à laquelle ces deux hommes d'expérience se sont associés et cette dualité financière a fait, depuis cette date, d'importantes affaires pour le compte d'une clientèle de choix, comme on dit en Bourse.

Intelligent et actif, toujours le premier au travail, apportant dans ses habitudes journalières la netteté et la décision du métier militaire, très aimé de tous dans le monde parisien pour sa constante bonne humeur qui s'allie, chez lui, à une modestie parfois excessive, M. Louis Trannoy méritait à tous égards de prendre place avec M. Gardais dans cette série destinée à honorer le monde financier et il sera seul à s'étonner de l'hommage pourtant si naturel que j'ai tenu à lui rendre aujourd'hui dans la presse parisienne.

Signe particulier : Aime assez faire, certains soirs, sa partie de cartes ou un bout de causerie au cercle militaire où il a les relations les plus amicales et les plus flatteuses.

LOUIS-JOSEPH TROOST

Membre de l'Académie des sciences. Un des hommes les plus éclairés de notre époque ; préside en cette qualité, la Compagnie parisienne d'éclairage par le gaz dont l'admirable organisation et les magnifiques résultats ont valu à la cité que nous habitons le nom de Ville-Lumière !

Né à Paris, d'origine anglaise. Tête de savant au visage sévère. Très protocolaire et très froid ; décourage les sympathies de rencontre ; mais ceux qui ont l'honneur de pénétrer dans son intimité rendent hommage à son intense bonté de cœur et à son perpétuel souci de rendre service.

Fils de ses œuvres. Docteur ès sciences, il débute professeur de chimie à Bonaparte, puis maître de conférences à l'Ecole normale qu'il ne quitte qu'en 1874, pour la chaire de chimie à la Faculté de sciences qu'il occupe, on sait avec quel éclat.

Ses recherches sur le fer, le nickel, le cobalt, le manganèse, l'aluminium et, en général, sur les alliages formés avec l'hydrogène, soit par combinaison, soit par dissolution, ainsi que les nombreux ouvrages de chimie qu'il a publiés et qui sont aux mains de tous, l'ont rendu justement célèbre.

Homme de sens pratique autant que savant, cœur loyal et droit, il a cherché à faire profiter l'industrie des découvertes de la science pure, ne laissant inutilisé aucun des profits qu'il a retirés de ses merveilleuses facultés d'observation.

A suivi ainsi le précepte de l'Ecriture : « Lors-« qu'on a allumé une lampe, il ne faut pas en « cacher la lumière, ni l'enfermer, mais la placer

« dans un endroit élevé afin qu'elle éclaire tous
« ceux qui sont dans la maison. »

La grande Compagnie d'éclairage et de chauffage
par le gaz, qui doit tant à la science de la chimie,
ne pouvait que s'honorer grandement en plaçant à
sa tête une illustration comme Louis-Joseph
Troost.

J'ai dit à la *Revue moderne* avec quelle sûreté la
Compagnie du gaz avait soutenu la concurrence
que l'on pouvait croire redoutable de l'électricité,
en vulgarisant l'usage du gaz pour le chauffage et
la préparation des aliments aujourd'hui entré si
profondément dans nos mœurs.

Aidé dans sa tâche par des hommes distingués
comme MM. Camus et Godot, l'honorable académicien auquel incomba le soin de porter le drapeau a su assurer au grand établissement de la
rue Condorcet une place prépondérante.

Souhaitons-lui de rester *ad multos annos* au
poste qu'il occupe avec tant de distinction.

Devise : *Fulget lux nec mergitur !*

GEORGES URION

Né à Nomeny (Meurthe-et-Moselle), l'éminent
administrateur qui a su faire de la maison du
boulevard Sébastopol une des premières de Paris,
est un petit homme à la figure énergique et fine
dont les yeux pétillent de malice derrière un
lorgnon cerclé d'or qu'il quitte souvent, puis souvent remet à cheval sur son nez, pendant la conversation avec ses nombreux visiteurs toujours sûrs
de trouver chez lui la plus affable et la plus souriante courtoisie.

Doué des qualités exceptionnelles au point de

vue de l'étude des problèmes commerciaux et financiers. Sachant comme pas un dégager de l'étude d'une affaire les points essentiels et la faisant aboutir avec rapidité et énergie, il a depuis près de quarante-cinq ans qu'il travaille, donné au commerce des nouveautés, un essor remarquable si l'on songe aux efforts que doit faire le commerce français pour soutenir aujourd'hui la concurrence étrangère et pour résister à l'intrusion sur le marché des capitaux allemands et anglais.

« Nous sommes envahis ! » tel est le cri d'alarme jeté à cette heure dans le monde industriel et commercial.

Il est temps de se défendre.

Honorons donc hautement les hommes qui, comme Georges Urion, dédaignent les mesquineries de la politique pour porter toute leur attention et tout leur labeur vers cette âme des nations modernes qu'est le commerce.

Admirablement secondé par ses chefs de rayons, au nombre desquels se trouve son fils et son gendre, M. Georges Urion s'est consacré tout entier aux intérêts de sa maison et de son nombreux personnel dont il est profondément affectionné.

Il aurait pu, s'il l'avait voulu, jouer un rôle dans nos assemblées politiques, devenir sénateur ou député, il n'a même pas songé, bien que sa villa soit sur la ligne « Plaisance-Hôtel-de-Ville », à se faire conduire à ce dernier point terminus où tant de négociants demandent à la popularité de les porter.

On assure que l'honorable M. Boucher, ministre du commerce, est un des hommes qui apportent le plus de conscience dans sa tâche, qui consiste à

encourager, à soutenir et à honorer nos commer-
çants les plus habiles.

Qu'il remplisse son devoir vis-à-vis de M. Urion
en acquittant une dette que son ministère a con
tractée envers lui.

Modeste jusqu'à l'exagération, M. Urion ne me
pardonnera pas de l'avoir dit, mais tout le monde
parisien où il compte tant d'amis, pardonnera
facilement au ministre ce qu'il aura fait.

PAUL VARENNES

Inscrit au Syndicat des banquiers en valeurs,
Paul Varennes est une des personnalités les plus
sympathiques du marché parisien, dont toute la
carrière est faite de travail et de loyauté et qui, à
ce titre, méritait de prendre place en cette série à
côté des Berend, des Sacilly, des Lange, des Sauphar, etc.

Intelligent, actif, toujours le premier au travail,
le visage souriant, expédiant choses et gens avec
la netteté et la décision d'un homme rompu aux
affaires loyales, connaissant à fond les cours d'ouverture du marché. On peut voir à la Bourse
M. Paul Varennes, entouré de confrères qui l'estiment et recherchent ses conseils, renseigner tous
ceux qui s'adressent à lui de la façon la plus bien-
veillante.

Au demeurant, très érudit en matière financière,
connaissant bien son économie politique, au courant de tous les événements intérieurs et extérieurs
capables d'influencer l'opinion, il a su donner à sa
maison de la rue Sainte-Anne, une place honorable parmi les bonnes maisons de la place de
Paris.

Au moment où, avec une mauvaise foi qui cache les plus basses passions, il est de bon ton dans une certaine presse d'attaquer le monde de la finance, il est bon d'opposer au dénigrement systématique des noms comme ceux que j'ai cités en entreprenant cette série de silhouettes et de montrer par d'heureux exemples ce que cette existence de financier recèle de labeur incessant, de haute probité et combien son concours est nécessaire à la bonne tenue du comptant lui-même et à l'harmonie du marché.

LOUIS VERNES

Président du Consistoire de l'Eglise réformée (1). Habite aux Batignolles un petit hôtel orné d'un grand jardin. L'homme le plus sans-façon du monde malgré sa haute situation morale et sa grande fortune.

On le voit trottinant dès le matin, coiffé d'un chapeau très mou, le pantalon un peu court et le parapluie sous le bras : cet homme, qui passe ainsi avec l'allure affairée et craignant les voitures, n'est ni plus ni moins qu'une des personnalités les plus hautes, par l'esprit et par le talent de parole, du monde protestant.

Inutile de vous dire qu'il ne porte pas en breloque le portrait de Louvois, et que son mobilier même n'est pas de style Louis XIV.

C'est de la révocation de l'Edit de Nantes que date, en effet, l'expatriation de sa famille qui, originaire du Vivarais, dut, pour fuir les persécutions, aller s'établir en Suisse.

(1) Elu, pendant que ce volume s'imprimait, membre du Consistoire Central de France.

Elle revint en France à la fin du dix-huitième siècle.

Fils d'un Sous-gouverneur de la Banque de France, Philippe-Louis Vernes est né à Paris le 25 février 1815.

Il entre tout d'abord à l'Ecole Polytechnique, puis, attiré par sa vocation particulière pour les questions religieuses, va faire ses études de théologie à Lausanne, sous la direction d'Alexandre Vinet.

Il est reçu bachelier en théologie à Strasbourg, avec une thèse remarquable sur le *Caractère de Jésus considéré dans son humanité.*

Ses études terminées, il entre dans la vie pastorale en débutant par le département de l'Aisne, puis est nommé, en 1851, pasteur des Batignolles.

Depuis cette époque, il n'a pas quitté Paris, qu'il connaît comme sa poche.

Fondateur, en 1846, de la Société centrale protestante d'évangélisation, a été désigné par ses pairs pour les hautes fonctions de président du Consistoire de l'Eglise réformée de Paris.

Orateur à la parole plutôt sobre et précise, théologien érudit, moraliste austère mais servi par le cœur le plus compatissant, il est l'objet du respect et de l'estime de tous ceux qui l'approchent.

De tels hommes honorent les causes qu'ils ont décidé de servir, et dans ce kaléidoscope où chaque jour apparaît un visage différent, que j'ai pris à tâche de peindre avec indépendance, la *Silhouette* si connue et si aimée du pasteur Vernes est de celles qui piqueront le plus, j'en suis convaincu, la curiosité de mes lecteurs.

RENÉ WALDECK-ROUSSEAU

Ancien ministre de l'Intérieur du *Grand Minis-tère.*

Grand, mince, le visage un peu dur, de tenue correcte, si on fait exception de l'éternelle ciga-rette fixée à ses lèvres, l'homme qui, à la barre, sait tenir le public sous le charme d'une parole éloquente et de style châtié, est dans la conversa-tion le plus froid et le plus indéridable des parte-naires.

Je me rappelle que, étant venu, il y a quelques années, plaider en province une affaire de travaux publics devant un Conseil de préfecture dont je fai-sais partie, il fut, à la sortie de l'audience où il avait parlé de la plus admirable façon contre un ad-versaire cependant redoutable, invité par les mem-bres d'un cercle.

Nous éprouvâmes alors la déception dont parle la Chapelle quand il raconte, si joliment, comment Boileau et lui, ayant voulu un jour jouir de l'esprit de M. de La Fontaine dont ils avaient tant entendu parler, l'invitèrent à dîner sans pouvoir lui arracher une parole et constatèrent au dessert qu'il s'était tout bonnement endormi.

Ce fut par monosyllabes qu'il répondit aux mille questions qui lui étaient posées sur la politique, sur le barreau, sur l'art dont il est un des fervents, et la froideur dont il fit montre, malgré qu'elle ca-chât un grand sentiment intime de bienveillance, ne laissa pas que d'étonner ceux qui l'entouraient.

Malgré cela, d'un commerce loyal et sûr, a su se faire une riche clientèle d'amis dévoués et d'admi-

rateurs et a eu tôt fait de conquérir l'estime du
Sénat dont il était visiblement le candidat lors de
la dernière élection à la présidence de la République où son attitude digne et simple lui valut l'approbation de tous les républicains.

Homme d'intérieur, que les diatribes de Rochefort n'ont jamais pu salir, M. Waldeck Rousseau,
qui, comme on le sait, a épousé la fille du Dr Charcot, reçoit en son élégant hôtel de la rue de l'Université, décoré avec magnificence, tout ce qui porte
un nom dans le monde de la politique, des arts et
du barreau.

Signe particulier et qui n'est pas à portée de
tous : Achète des toiles de valeur pour les offrir à
nos musées: admirateur passionné de Gervex et de
Detaille.

Ne desserrera pas les dents pour expliquer une
affaire ou vous mettre au courant d'un dossier;
mais traversera Paris, de Clichy à Montparnasse,
si vous lui indiquez une œuvre d'art à dénicher.

ADOLPHE WERTHEIM

Saint-Genest, avec son admirable talent et son
inimitable façon de caractériser hommes et choses
avait divisé le genre humain en deux catégories :
les *Lève-Tôt* et les *Couche-Tard*.

C'est à la première qu'appartient indubitablement l'homme affable et courtois que je silhouette
aujourd'hui.

Debout dès la première heure, il ne quitte son
vaste cabinet de travail de l'avenue de l'Opéra que
pour sauter dans son coupé et visiter les banquiers
de la place parisienne dont il est l'un des courtiers
les plus brillants et les plus autorisés.

Parisien et boulevardier, M. Wertheim est une des physionnomies les plus connues et les plus sympathiques du monde de la Bourse où il s'est fait une réputation au-dessus de tout éloge.

Qui ne se rappelle, parmi les hommes de finance, l'avoir vu, au beau temps des obligations Egyptiennes, arriver au marché, à midi, échangeant plusieurs milliers d'obligations Egyptiennes, faisant, au premier cours, la pluie et le beau temps sur cette valeur?

Toujours jeune, actif et souriant, son intuition des affaires est à ce point affinée qu'il saura trouver matière à transaction là où un autre n'y aura pas pensé.

Affectionna d'une prédilection particulière le groupe des Lots turcs — Turc à mort ! — sur lesquels il fit d'immenses affaires rendant au marché des Chemins de fer ottomans de signalés services.

Très en faveur, — est-il besoin de le dire? — à la Banque impériale ottomane où son talent de négociateur a toujours été l'objet de la plus flatteuse appréciation.

De caractère foncièrement sérieux, un peu froid d'abord, se dégelant au contact d'une amitié sincère, il est bien l'homme le plus serviable du monde quand on a obtenu son estime. Et dans cette maison où il est entouré d'un personnel dévoué et qui se ferait griller à petit feu pour lui, nul n'est plus paternel ni plus dévoué à ses collaborateurs.

Inscrit au Syndicat des banquiers en valeur, son nom y est synonyme de loyauté. Et dans tous les rangs de la société parisienne, où son alliance avec la famille Haleinbourg n'a pas peu contribué à le poser, il compte de solides et chaudes sympathies.

FIN

TABLE ALPHABÉTIQUE

FIN DE LA TABLE ALPHABÉTIQUE

PARIS. — Imprimerie ALCAN-LÉVY
24, rue Chauchat.

Librairie A. MELET

44-45-46-47, *Galerie Vivienne, Paris*

Publications éditées par la maison

JEAN ALESSON

Les Femmes décorées de la Légion d'honneur et les femmes militaires. -- Troisième édition entièrement refondue et mise à jour ; un volume in-12.... 2 fr. 50
Le Monde est aux femmes, brochure in-8 . 1 fr. »

MARQUISE DU MAISNIEL DE VILLEMONT

Nouveaux Contes merveilleux.— Un beau volume in-8 raisin, imprimé avec soin sur papier teinté, fabriqué par les papeteries Firmin-Didot, orné de 16 compositions hors texte, et de 6 vignettes, d'après les dessins de Alix, — broché... 4 fr. »
Cartonné, plaque, tr. dorées. . . . . 5 fr. »
Reliure demi-chagrin . . . . 6 fr. »
Contes humoristiques, 1 vol. in-8 broché.... 4 fr. »
Nouveaux Proverbes de châteaux et de salons. — 2 vol. in-18. . . . . 7 fr. »
(Chaque volume se vend séparément).
Les Contes merveilleux. — 1 vol. in-18..... 3 fr. 50
Les Coureurs de dot. — 1 vol. in-18........ 3 fr. 50

COMTESSE M. D'E.

Perdue dans la Forêt, 1 vol. in-18, illustré de 48 vignettes par Théobald, broché........ 2 fr. 25
Cart., tr. dorées. . . . . 3 fr. 50

ANAIS MAGNAT

Graves et souriantes, poésies, 1 vol. in-18.. 2 fr. 50

MONOLOGUES

ALPHONSE BOUVRET

La Carotte. . . . . 0 fr. 75
Victorine. . . . . 0 fr. 75
Fortune du pot . . . . 0 fr. 75
Monsieur Jules. . . . . 0 fr. 75
Première brouille . . . . 0 fr. 75
Un trait de lumière . . . . 1 fr. »

FRÉDÉRIC

Billenbois, monologue pour jeunes filles...... 0 fr. 50

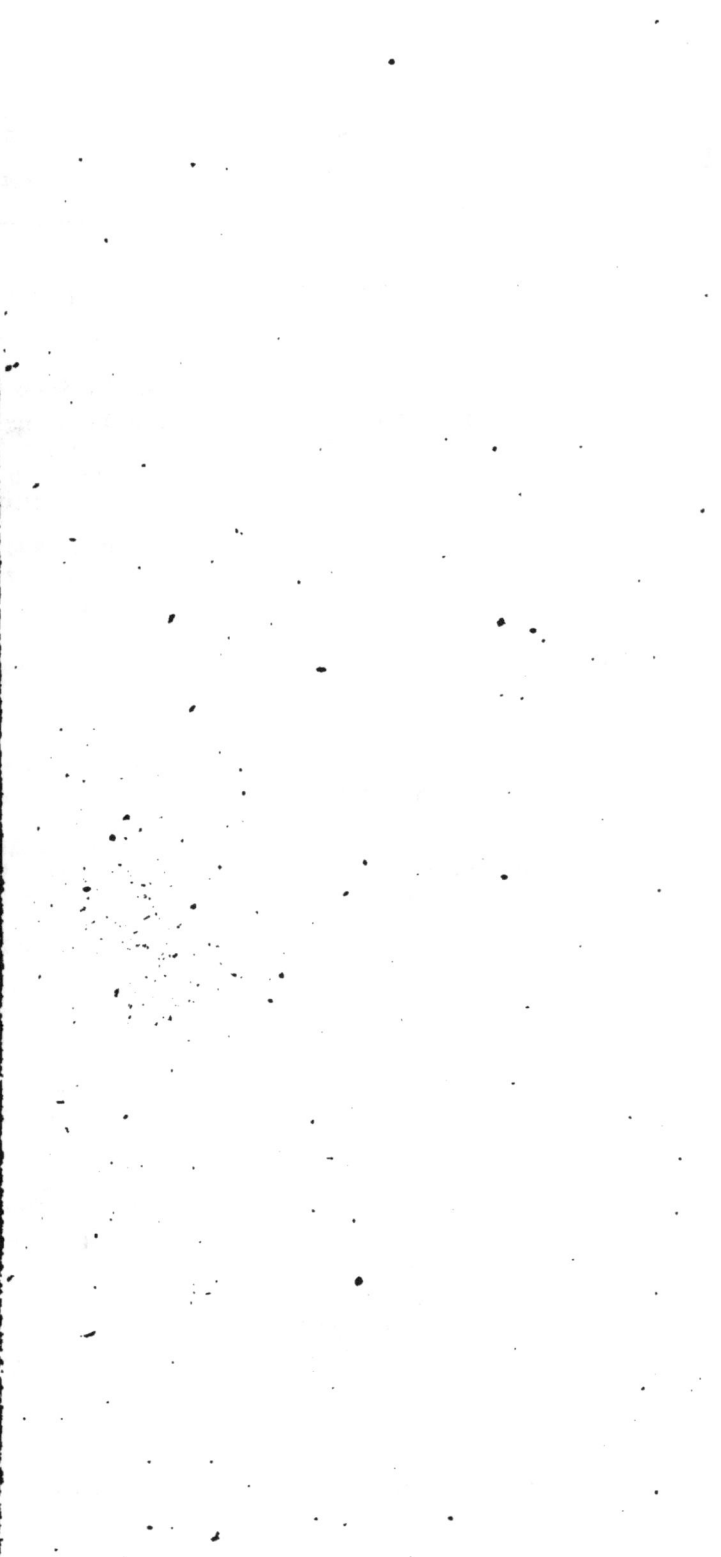

www.ingramcontent.com/pod-product-compliance
Lightning Source LLC
Chambersburg PA
CBHW070601100426
42744CB00006B/371